U0420266

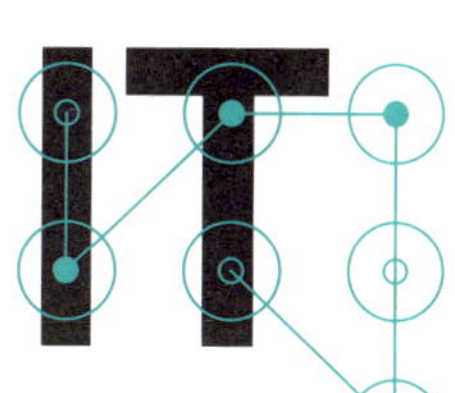

从信息到智能的大转变

NEW
INTELLIGENT
TRANSFORMATION

吴伯凡
王飞鹏 著

机械工业出版社
CHINA MACHINE PRESS

图书在版编目（CIP）数据

新 IT：从信息到智能的大转变 / 吴伯凡，王飞鹏著．—北京：机械工业出版社，2023.7（2023.8 重印）
ISBN 978-7-111-73242-6

I. ①新⋯ II. ①吴⋯ ②王⋯ III. ① IT 产业 – 研究 IV. ① F49

中国国家版本馆 CIP 数据核字（2023）第 093931 号

机械工业出版社（北京市百万庄大街 22 号 邮政编码 100037）
策划编辑：白 婕 责任编辑：白 婕
责任校对：韩佳欣 李文静 责任印制：单爱军
北京联兴盛业印刷股份有限公司印刷
2023 年 8 月第 1 版第 2 次印刷
147mm × 210mm · 11.125 印张 · 3 插页 · 158 千字
标准书号：ISBN 978-7-111-73242-6
定价：99.00 元

电话服务 网络服务
客服电话：010-88361066 机 工 官 网：www.cmpbook.com
010-88379833 机 工 官 博：weibo.com/cmp1952
010-68326294 金 书 网：www.golden-book.com
 机工教育服务网：www.cmpedu.com

| 前言 |

这是一本探讨技术发展的书，但内容又不仅限于对浅层次技术表象的讨论。

技术相关的书籍，大致可以分为两类：一类是操作指南式的，指导读者如何按部就班地完成一件事；另一类是地图式的，没有明确的操作步骤，但是能给读者提供一个清晰的坐标系，让读者知道自己处于何地，如何定位自身。本书属于后者，它从技术的视角切入，力图厘清当前芜杂的时代背景，让读者能够清楚地意识到自己当下身在何处。

作为信息技术（Information Technology）代名词的IT，曾经代表着最前沿的技术和产业。然而，生活在当下的每一个人都不难感受到，世界正在发生着变化。从2016年大败人类世界顶级棋手的AlphaGo，到2022年年末风靡全球的ChatGPT，都在提醒我们，智能技术（Intelligence Technology）已经不再是天方夜谭式的畅想，它早已潜入我们的生活，并且在加速对我们日常的方方面面产生影响。

正是在这样一个背景下，我们认为作为工业技术（Industry Technology）的“老IT”，以及作为信息技术的“旧IT”已经成为过去式，而以智能技术为核心的“新IT”正在成为新一轮技术和社会变革的支柱和主要驱动力。

从生存要素到生存本身

从“老IT”到“新IT”，表面看，是不同技术要素的更迭，但是，如果着眼于更深层、更长远的技术发展史，会发现这是人类技术从生存要素向生存本身的一次大飞跃。

所谓生存要素，就是生物生存所依赖的条件。最基础的三大生存要素是物质、能量和信息。宇宙大爆炸后，先出现了能量，能量凝结后就成了物质，而能量与物质都承载着信息。这三种要素为后来地球生命的诞生、繁衍与演化提供了基础条件。

在此之前的技术发展，基本都以提升人类利用物质、能量和信息的效率为主要目标。第一次工业革命以物质利用效率的提升为主，第二次工业革命以能量利用效率的提升为主，第三次工业革命则以信息利用效率的提升为主。本书的第 1 章对此问题进行了细致且深入的讨论。

我们将信息技术的结晶称为电脑，是因为其性能已经不同于过去的技术产品：过去的技术产品只能劳力，不会劳心，而电脑已经具备了一定程度的劳心功能。尽管如此，电脑与真正的大脑依旧相差甚远，因为它只会计算，不会“算计”，因此，它依旧是与生存要素相关的技术产品，而不是与生存本身相关的技术产品。

所谓生存本身，就是生物体用一套特定的机制，对物质、能量和信息进行合理转换，以满足自己的生存所需，这是一个智能过程。因此，只有新 IT 代表的智能技术才是真正与生存本身相关的技术。不同于信息技术只会被动地执行人给出的指令，智能技术具有主动感知、主动反应的能力，这是新 IT 独特的发生逻辑。关于这一问题，我们在本书的第 2 章展开了相关讨论。

从信息到智能的转变历程

当然，从信息到智能的转变，并不是断层般的、突发式的取代，而是一种递进式的接续与迭代。信息技术是智能技术发展的前提，智能技术是信息技术发展的目的。正是因为信息技术的充分发展，智能技术的发展才拥有了丰沃的土壤，其中最核心的三大基石便是数据、算法和算力。在本书第 3 章，我们详细梳理了从信息到智能的演化历程。

人类历史上每一次重大的技术变革，都伴随着基础设施的更新，唯有如此，才能真正对人们日常生活的方方面面产生根本性的影响。同样，新 IT 也是一次智能化转型（Intelligent Transformation）的动态过程，是以智能技术为核心的“新基建”历程。新 IT 的核心要素包含“端”“边”“云”“网”“智”五个方面。其中“智”与其他四个要素并非简单的并列关系，而是在整个系统中一以贯之，是其他四个要素合围后涌现出的必然结果，也是赋能并联通其他四个要素的关键手段。

在本书的第二部分，即第 4 ~ 7 章，我们分别对“端”“边”“云”“网”的发展历程进行了回顾，总结了它们各自的发展规律以及它们之间相互促进的关系，在此基础上力求让新 IT 引领的变革逻辑显得清晰、具体。

人机关系的“哥白尼式转向”

智能，本质上就是对复杂多变环境的反应能力。正如达尔文所言：“存活下来的不是最强大的，也不是最聪明的，而是对变化最具反应能力的。”我们说电脑不会算计，是因为它没有主动生成任务的能力，也无法在复杂场景下主动给出应对方案。因此，信息机器尽管有一定的劳心功能，但它们依旧是没有主动权的奴隶。而智能机器最大的特点是具有态势感知能力，能够识别特定的场景，并主动做出恰当的反应。

一旦机器具有了态势感知和主动反应能力，人与机器的关系也就开始发生转变。信息机器在人机关系中始终是辅助性的，它们帮助人类审时度势、当机立断，但主导者依旧是人类。智能机器则能以远超人类的能力，实现特定场景下的审时度势和当机立断，开始从人类手中拿回一些主动权。

因此，新 IT 也会引发人机关系的“哥白尼式转向”，智能机器会逐渐摆脱传统人机关系中的“奴隶”身份，与人类的关系越来越趋于平等，最后甚至成为人类的导师，给人类提供更好的指导和建议。现在我们习以为常的导航应用软件就是一种特定场景中的导师，司机已经越来越习惯于听从导航软件提供的建议，因为它比司机更了解实时路况。在本书第 8 章中，我们就人机关系的发展与变化展开了深入讨论。

未来的形态：赛博空间与元宇宙

我们说智能是复杂多变环境下的反应能力。这种反应能力可以用一个很具体的指标——移动性来衡量。移动性决定了生物的空间自由度，是影响生物生存能力的一项重要指标。智能越高的生物，其移动性越强，空间自由度越高，生存的主动性也越强。按照移动性，我们可以将生物分为三类：非移动性生物（植物）、移动性生物（动物）和超级移动性生物（人类）。

人类比其他生物更智能的表现之一，就是能够用技术手段不断提升自己的移动性，从而拥有控制空间、自定义空间的能力。从驯化马开始，到后来的蒸汽机车、汽车以及飞机等工具的发明和使用，人类始终在利用技术提高自己的空间自由度。

进入信息时代后，我们首先实现了一对一的远程沟通。渐渐地，我们发现信息技术不再是一个传输管道那么简单，随着 PC 互联网和移动互联网的发展，我们可以超越物理空间的限制，在网络构筑的虚拟空间中完成许多事情，比如我们当下习以为常的订外卖、购物、打车、玩游戏……

网络空间又被称为赛博空间（Cyberspace），其中 Cyber 源自希腊语，有“掌舵、操纵”的含义，因此，Cyberspace 这个单词更本质的含义是指一个由人类构筑和操纵的空间。

一旦我们能够在现实的物理空间之外构筑一个可以由我们自由操纵的虚拟空间，我们的自由度将会得到极大的提高，我们的生产方式和生活方式也会发生巨大变化。当下，新 IT 正在通过构筑赛博空间的方式，重塑我们的制造方式和城市形态。赛博空间的极致就是元宇宙，一个比现实物理空间更为丰富、更具弹性的虚拟世界。在本书的最后两章，我们就新 IT 将如何重塑我们的空间自由度的问题进行了分析和展望。

丘吉尔曾说："这不是结束，甚至不是结束的开始，但或许是开始的结束。"这句话也是对我们当下所处时代特征的最佳总结。作为"旧 IT"的信息技术时代的终结是一种开始的结束，是人类技术迈向智能化的开始阶段的终止。与此同时，新 IT 正在带领我们迈入全新的智能时代，在新 IT 的赋能下，传统的生产力、生产关系及社会关系将被重塑。

而此刻，一切才刚刚开始。

| 目录 |

01

NEW
INTELLIGENT
TRANSFORMATION

第一部分

新 IT 是什么

NEW
INTELLIGENT
TRANSFORMATION

| 第 1 章 |

新 IT 引领人类进入智能化时代

未来，我们将会看到，新 IT 将打破原子世界（物质世界）和比特世界（数字世界）的隔阂，在将物理世界数字化的基础上，发展各类数字技术，提升生产效率、能源效率，减少浪费与污染，利用数字技术对基础设施进行更新，为我们创造出一个更便捷、高效、安全、丰富和舒适的生存环境。这样的图景并非天方夜谭，而是技术发展的规律使然，是人类技术文明历经漫长演进后的一种必然趋势。

新 IT，新浪潮

20 多年前，一位朋友将尼古拉·尼葛洛庞帝（Nicholas Negroponte）的《数字化生存》送给我（吴伯凡），并对我说："好好读读，接下来是一个全新的时代，这本书就是关于这个时代的'说明书'。"

尼葛洛庞帝的《数字化生存》于 1996 年在国内出版，当时，国内的互联网产业尚处于萌芽期（中国第一家互联网公司瀛海威刚刚成立没多久，网易在 1997 年成立，腾讯、新浪在 1998 年成立，阿里巴巴、百度分别在 1999 年、2000 年成立），各类媒体以这本书的出版和尼葛洛庞帝来华演讲为契机，对互联网技术和应用进行了大量的想象性描述，尼葛洛庞帝理所当然被当作互联网的代言人，他的书则被当作想了解互联网的人的必读书。

尼葛洛庞帝在书中特别强调了一个让当时的读者觉得突兀甚至迷惑不解的概念——“后信息时代”：“大家都热衷于讨论从工业时代到后工业时代或信息时代的转变，以至于一直没有注意到我们已经进入了后信息时代。”㊀

在尼葛洛庞帝看来，在后信息时代，人们并非不再需要信息，相反，人们对信息的需求更加迫切，只不过，他们需要的不再是数量巨大但相当粗放、个人针对性甚微的信息。比如说，人们还会需要看新闻，但既非在电视上、报纸上看新闻，也不是“上网”去看新闻，而是通过“私家编辑”（智能传输端）或“私人秘书”（智能接收端）来获取新闻。前者“就好比《纽约时报》根据你的兴趣，为你度身定制报纸”；后者是一种智能筛选系统，“根据你的兴趣、习惯或当天的计划，从中撷取你想要的部分”。在这里，最重要的（当然也是最难的）不是信息，而是智能——对个人需求的深度认知，以及基于这种认知对信息进行的精准识别。

㊀ 尼葛洛庞帝 . 数字化生存 [M]. 胡泳，范海燕，译 . 海口：海南出版社，1996.

尼葛洛庞帝的预言并非都已成真，但是，站在 20 多年后的今天，回望信息化与数字化的发展历程，我们恍然发现：未来已来，人类社会已然步入尼葛洛庞帝所说的“后信息时代”。而引领我们进入这个时代的，是全新的数字技术，我们将其称为“新 IT”。

新 IT 掀起了一场颠覆性的技术变革，形成了一股汹涌澎湃的新浪潮。它不仅改变了传统的 IT 格局，引发了生产方式、商业模式、产业形态的深层次变革，更引领着我们走向充满想象的未来。

但很多人的心中仍充满疑惑：新 IT 是什么？新 IT 新在哪里？

要理解我们正在走向的未来，必须先了解我们经历的过去。从技术的角度纵观人类历史，会发现人类的发展历程始终伴随着对物质、能量和信息的开发，以及对三者利用效率的提升。物质、能量和信息三个要素贯穿了整个人类历史的发展进程，并在不同的时间段和不同的文化中，各自起着不同的重要作用。

人类文明演进的密码：物质、能量和信息

物质、能量和信息构成了我们的世界，人类一直在尝试通过技术更有效地利用物质、能量和信息，人类文明因此不断演进。

1. 第一次工业革命使物质传输效率得到巨大提升

1769 年，以瓦特改良纽科门蒸汽机为标志性事件，人类社会掀起了第一次工业革命，并由此进入了一个伟大的变革期。改良后的蒸汽机很快被应用到人类生活的方方面面，并带来了很多根本性的改变：在工业结构上，大规模机器工厂代替了原先的手工作坊；在交通运输上，蒸汽机车代替了原有的人力和畜力工具。

蒸汽机的出现与其动力来源——煤炭密不可分。16 世纪，为了冶铁，英国大举开采煤矿，挖掘“黑金”。英国的煤矿大都近海，矿井总是渗水，导致挖掘很不方便。为了解决矿井渗水问题，很多矿场利用水泵抽水。这时候的水泵主要是由马匹拉动的，为此，有些大型矿场养了数百匹马，成本高昂且效率低下。后来，英国军事工程师萨弗里研制出了一种蒸汽水泵。18 世纪初期，纽科门对萨弗里

的蒸汽水泵进行了重大改革，并发明了蒸汽抽水机，但是其热效率很低，在辅助挖掘煤炭的同时，也要消耗大量的煤炭。

18 世纪中期，英国人瓦特对纽科门蒸汽机进行了改良，使得其热效率提高了 5 倍以上，加快了当时主要能源煤炭的开采速度。煤炭的大量开采，带来了英国冶铁行业的蓬勃发展，整个钢铁行业的发展进程也因此加速。

从 18 世纪后期开始，蒸汽机的广泛应用使工业生产能力大幅提高。从 1766 年到 1789 年，由于蒸汽机的使用，英国的纺织品产量增长了 5 倍，为市场提供了大量的消费品，加速了资本的积累。制造业的迅速增长对运输业的发展提出了迫切要求。

从 1776 年起，人们开始尝试用蒸汽机为船舶提供动力。经过多次改进，以蒸汽机为动力的轮船“克莱蒙特号”在哈德逊河上成功航行，被认为是最早成功航行的蒸汽轮船。此后，蒸汽机作为船舶的推动器的历史持续了百余年之久。

在蒸汽轮船被发明出来后，人们不禁设想：能否在陆地上建造一条类似“水面”的道路，这样就可以使蒸汽轮船在陆地上行走，且让其拥有和在水面上一样的速度和承载能力。

依托于这种设想，英国工程师乔治·斯蒂芬森在 1814 年成功制造了一台蒸汽机车。1825 年，他设计并制造了首台商用蒸汽机车，从此开启了铁路运输时代。

蒸汽机车和蒸汽轮船的使用，使物资的大规模快速运输成为现实，也加速了人类社会经济的快速增长，为人类打开了新世界的大门。

2. 第二次工业革命促进了能量的自由移动

在人类与物质周旋的过程中，能量始终发挥着极为重要的作用。不同时期对不同能源的使用，塑造了不同的社会形态，许多世界强国由此崛起。

早期，人类利用的能源主要是太阳能和风能。进入 16 世纪以后，人类开始大范围利用化石能源来获取能量，人类社会也由此发生了巨大变革。

美国环境史学家约翰·R. 麦克尼尔提出，化石能源的利用与地缘政治之间存在强相关。

最早建立地缘政治优势的国家是荷兰，其利用的是一种名为泥炭的化石能源。泥炭是沼泽植物残体在空气不足和大量水分存在的条件下，经不完全分解形成的，经地下长期的高压、高温作用后可以转变成煤炭。

泥炭是一种极特殊的化石能源，其能量密度低于煤炭、石油和天然气，无法提供冶金所需的高温，因此无法用来冶炼钢铁，也不能用来驱动任何车辆或轮船。但荷兰却利用泥炭大力发展了酿酒业和石灰烧制这两个能源密集型行业。这些行业的发展使荷兰成为世界上第一个真正意义上的现代经济体。凭借通过泥炭建立的经济优势，荷兰在诸多比它大的国家的包围和侵略中生存了下来。不仅如此，荷兰还在北美、南美、非洲和亚洲等地建立了自己的殖民据点，一度被称为“海上马车夫”。

随着泥炭资源的消耗殆尽，荷兰渐渐失去了它的能源优势。18 世纪后，借助工业革命引发的技术和组织变革，英国的煤炭产量大幅提升。英国的优势在于，煤矿离海比较近，煤炭可以比较方便地从产地运往任何一个海路可以到达的地方。19 世纪中期，英国已经建立了世界上最高效的冶金行业，其出产的铁一度占到世界总产量的一半。不同于泥炭，煤炭和铁可以直接用于军事，这使得英国建立了强大的军事机器，最具代表性的就是英国的皇家海军。这支独特的武装力量，使英国从一个小岛国一跃成为“日不落帝国”。

英国利用煤炭能源建立的领先优势，大约持续到 20 世纪初期。随着石油这一能量密度更高能源的开采和使用，美国取代英国，成为新的世界霸主。

从 20 世纪初期开始，美国便引领着全球的石油生产，建立了以石油为核心的运输基础设施体系，也建立了世界上第一个以汽车为中心的经济体系。石油也可以直接用于军事，美国利用石油的潜在优势，创建了一个以石油为驱动力的包含空中力量、海上力量和陆地机动力量在内的先进复合军事体系。

对石油的利用也是第二次工业革命的标志之一。其中，内燃机的作用不可忽视。除了促成了汽车的发明外，内燃机还改造了火车和轮船，催生了飞机的诞生，开拓了运输的新领域。

除了内燃机的发明和使用外，真正使得第二次工业革命区分于第一次工业革命的事件，是电力这项“新能源”的发明和应用。

第一次工业革命在大幅提升生产效率的同时，也使当时的主要能源煤炭的局限性凸显出来。因为煤炭深受地理限制，运输不方便，人们需要一种更为省力、便捷并且能够实现快速移动的能源。

1831 年，英国科学家法拉第首次发现电磁感应现象，并且据此发明了圆盘发电机，这成为后来各种发电机的“原型”。后来，麦克斯韦基于法拉第以及其他前辈的发现完善了电磁场理论，为电力革命的推进打下了坚实的理论基础。

1866 年，德国人西门子制成了自励式直流发电机。经过不断的改良，直流发电机日趋完善，并于 19 世纪 70 年代投入使用，这标志着电力真正作为一项能源而诞生。同一时期，美国科学家特斯拉利用电磁感应原理发明了交流感应电动机，使电力能够作为一种新能源用于驱动机器。此后，电灯、电车、电钻等一系列产品和相关产业开始涌现。

1882 年，法国学者德普勒在慕尼黑博览会上展示了

第一条试验输电线路，之后又在法国主导建立了多条直流输电线路。同年，爱迪生修建了美国第一个火力发电站，把输电线连接成了网络。

但是，直流电在传输过程中，随着电能需求的增加和用电区域的扩大，每隔一段距离就需要新增发电站，成本高昂、故障频出，这些缺点使得人们不得不投入特斯拉早就提出的交流电的研究。

1895 年，美国建成尼亚加拉复合电力系统，确立了交流输电的主导地位，并发展成今天规模巨大的电力系统。电力在生产生活中的广泛应用标志着人类从以蒸汽为主要能源的时代，进入了以电气为主要能源的时代。

电力作为一种新的能量，不再像热量那样过分依赖煤炭，只需要在一个地点集中发电，然后通过导线和变压器设备即可传送到其他地方。因此，第二次工业革命最大的意义在于实现了能量的自由移动。

3. 第三次工业革命实现了信息的自由移动

第二次工业革命的产物，除了内燃机、各类发电和输电设备外，还有电报和电话这两项远距离通信设备，它们的出现也预示着人类信息化进程的开始。

人类是社会性动物，信息交流是日常生活中必不可少的。在很长一段时间里，人类的信息传递与物理位移是密不可分的，两个人要沟通一件事情，必须通过面对面的方式。即使是远距离的书信，也需要借助邮驿，本质上还是通过物理位移实现信息传递。

当然，人类从很早就开始尝试使用编码的方式，来实现一些简单信息的快速远距离传输。我国的长城烽火台就是一项很成功的远距离通信发明。一旦边关出现敌情，战士们便点燃烽火台上准备好的柴火。晚上点火，远处烽火台上的士兵很容易就能看到火光；白天则放烟，以干柴引火，续以湿柴，浓烟便会升起。当看到前一个烽火台上的火光或浓烟后，下一个烽火台的士兵就点燃自己这里的柴火，信息便通过这种方式依次传递下去。这样，不到一天的时间，边关的消息就能传到都城。

2000 年，英特尔前 CEO 巴雷特在参观长城时询问导游烽火台的功用。在听完导游给他介绍相关历史知识后，他感慨道："中国人在 2000 年前就发明了信息高速公路。"

尽管烽火台传递信息的效率很高，但是传递的信息量却很有限，只能传递“有敌情”这样一种简单的信息，对于更具体和详细的内容，便无法传递了。

在进入现代社会之前，人类历史上最常用的远距离通信手段就是写信，相比烽火台，信件传递尽管效率低，但是能够承载更丰富的信息。写信是用信息位移代替物理位移的一个重要方式，文字则是对我们感受到的外在世界和个人内心想法的一种编码。

但是信件依旧有很大的局限性。尽管古人说“见字如晤”，但毕竟不如真正的“会晤”，因为文字本身就是对真实世界的一种信息压缩，少了声音和语调，也缺乏动作和形象，很多东西都需要我们用想象去弥补。

有了电话以后，我们可以实现远距离的语音通信，相比文字通信，交流的体验已经提升了很多。尽管如此，我们的形体语言和面部表情、我们有意无意要表达的一些隐晦信息等，都无法通过电话传递。

整体而言，各类传统的通信手段都提高了信息传递的效率，代价则是丧失了信息的丰富度。因为受限于其固有的“带宽”，这些通信手段无法承载太多信号，只能借助编码的方式，将复杂的、丰富的现象压缩成一些简单的代码和符号，然后再通过对这些代码和符号的组合，来尽可能表达复杂的信息。

让上述状况大为改观的，是第三次工业革命，即信息革命。

进入 20 世纪后，两次世界大战加快了新型武器的研究进程。量子力学理论体系与狭义相对论相结合，为核能的利用与发展奠定了基础。20 世纪 30 年代，奥托·哈恩等西方科学家完成了核裂变研究，人类对核能的研究有了初步进展。第二次世界大战（简称二战）开始后，纳粹德国和美国先后开启核武器研究。

核裂变和弹道的计算都需要高效率的计算工具，常规的计算方式无法满足需求，于是，美国率先开始了高速计算设备的研究。这种研究并没有随着 1945 年二战的结束而停止，信息技术的发展在战后依旧持续着，只是逐渐从军用走向了民用，开启了一个持续至今的时代变革，也就是第三次工业革命。

信息技术的发展包括两个方面，一方面是计算机硬件的发展与迭代，另一方面是互联网的发展。计算机硬件的发展，先后经历了真空管、晶体管、小规模集成电路、超大规模集成电路等阶段。而后，整个计算机世界的硬件便按照摩尔定律（Moore’s Law）向前发展着。互联网的发展则是指从美国军方最早建立的分布式网络系统——“阿帕网”不断迭代与进化，形成我们今天使用的互联网。

计算机硬件和互联网的发展，对商业和经济产生了极大的影响。很多创新者利用信息技术建立了商业帝国，如苹果、微软、脸书、腾讯、联想等科技企业，它们从不同的方面推动着信息传递效率的提升。从最初 PC（Personal Computer，个人计算机）端的即时通信到后来移动端的视频通话，人与人之间远隔千山的信息传递效果越来越接近于近在眼前的面对面沟通，同时，各类信息的获取也越来越便捷。

信息革命让即时的远距离双向传播成为现实，实现了信息的自由流动。

从“老 IT”“旧 IT”到“新 IT”

在第一次工业革命中，蒸汽机驱动的各类机械设备和交通工具，实现了物质在物理空间的自由移动。以蒸汽机为代表的技术可以称为“老 IT”，实现了以机器代替人力，大大解放了生产力。

在第二次工业革命中，电气（发电和电子传输）技术实现了能量的自由移动，也部分地实现了信息的自由移动（如电报、电话、广播电视）。而在第三次工业革命即信息革命中，以互联网为代表的技术彻底实现了信息的自由移动。这类技术可以称为“旧 IT”，它们提高了信息的传输效率。

无论是“老 IT”还是“旧 IT”，都是为了解决物理距离的阻碍，这些技术是对人的体力、感官能力（如听力、视力）的延伸，其中计算机技术还部分地实现了对人的脑力的延伸。

在解决了物理距离的阻碍后，人类开始试图消除人与机器的心理距离——赋予死板、冰冷的机器以智能（而不是单纯的计算能力）和“温度”，让人与机器得以在整体智能层面上进行平等、无障碍的沟通，新的技术也应运而生，这就是“新 IT”，它能在人与机器之间实现“心有灵犀一点通”。

2021 年 6 月，IT 产业智库“互联网实验室”发布了研究报告《“新 IT”：数字社会基础设施的新图景》（以下简称“报告”），对新 IT 进行了定义：“新 IT”是基于“端（智能物联网终端）– 边（边缘计算）– 云（云计算）– 网（5G）– 智（行业智能）”先进技术架构，协助各行各业实现智能化变革所需要的先进技术和服务与解决方案。

报告还指出，“老 IT”是以机器替代人力，“旧 IT”进一步解放人脑，而“新 IT”则是驱动人机融合的智能化转型。由此可见，“新 IT”之所以新，是因为它不仅能够作用于物质、能量与信息这三大要素，更重要的是它赋予了机器以智能。

我们可以通过手机地图 app 的演进来理解新 IT。

手机地图 app 是我们当前生活中不可或缺的一类应用软件，不论开车、打车还是乘坐公共交通工具，使用手机地图 app 已经成为很多人的习惯。尽管我们依旧称这些应用软件为“地图”，但它们与过去那种只能给我们提供静态的道路和位置信息的传统地图已经有了天壤之别。传统地图主要是给那些不熟悉某个区域的人提供静态的通行参照。而今天，即使是对一个区域很熟悉的司机，依然会用地图 app 导航，他们从这些应用软件中获取的不再是静态信息，而是智能化的动态通行指导。本质上，今天的手机地图 app 已经成为一种智能化的工具，不再是被动地向人们呈现信息，辅助人们决策，而是主动提供通行方案，指导人们前行。

百度地图和谷歌地图是当前最有代表性的，也是推出时间较早的地图应用软件，它们都诞生于 2005 年。两大搜索引擎巨头选择在同一年推出地图应用软件，并不是一种巧合，而是基于对技术演化逻辑的洞见与谋划。搜索引擎的演变，本质上是一次从信息化向智能化的进化。

在早期的搜索引擎中，检索一个关键词会得到无数条信息，其中还总是充斥着大量的无关信息，需要人们花时间去筛选。这就是信息化的特点，只能被动地根据人类输入的指令呈现相应的信息，不能体察人类真正的诉求——人们之所以使用搜索引擎，就是为了尽快获得自己想要的内容。

搜索引擎公司通过不断优化算法来解决上述问题，尽可能将关联度最强的信息显示在最前边，方便人们查找。但是，搜索引擎归根到底是一种综合性的信息渠道，发展到极致，也无非是能够更为准确地呈现人们想要的信息，但信息也只是事件构成的要素之一。最理想的状态应该是，当人们向一台设备发出一个指令后，这台设备可以调动足够多的资源，帮助人们彻底完成这件事情，而不仅仅是提供相关信息。

要实现这一点，搜索引擎公司需要突破信息搜索的边界，进入不同的垂直领域，在信息基础上对一个个具体的场景进行优化，进而在这些场景中变得智能化。手机地图软件是它们走出的第一步。通过下述场景，我们可以更加具体地感受这一演变过程。

过去，假设我们要去北京王府井，需要了解王府井的位置，于是在搜索引擎中输入了“王府井”三个字，搜索结果可能先呈现的是对“王府井”这家企业的介绍，接着是一大串有关王府井的其他信息，我们需要费很大的工夫才能获得自己真正需要的那点微量信息。

在地图应用软件出现后，搜索结果更加聚焦。在地图应用软件中输入“王府井”三个字以后，结合定位信息，应用软件会给我们呈现王府井的具体位置。发展到现在，主流地图应用软件已经能够针对不同交通方式，给我们提供从当前位置到目标位置之间的通行建议。

尽管已经相当智能了，但这依旧不是终点。在这个场景中，我们的最终目的是要到达王府井，所以这些地图应用软件还应该具备主动叫车功能，来把我们送到目的地。现在，高德地图和百度地图已经聚合了各种品牌的网约车，可以实现从搜索到打车的一条龙服务。这其实已经不再是单纯的信息提供场景，而是一个完整的智能服务场景。

从早期的综合性搜索引擎到现在的智能地图软件，是从信息化走向智能化的一个缩影，也是新 IT 给我们的生活带来的巨大改变之一。

新 IT 引领我们进入了一个全新的智能时代，也就是尼葛洛庞帝所预言的、已经成为现实的“后信息时代”。新 IT 就像一个引擎，正推动着各个领域加速从信息化迈向智能化。

新 IT 是数智化跃迁的重要工具

为什么要发展新 IT？这是一个值得我们深思的问

题。在思考这个问题时，我（吴伯凡）的脑海里浮现出了斯坦利·库布里克导演的科幻电影《2001 太空漫游》中的场景。

一群在饥饿和强敌环伺中挣扎的猿人发现了一堆兽骨，其中一个猿人盯着这堆骨头开始思考，突然，他抓起一根结实的棒骨砸在地上，发现棒骨竟然能把地上其他的骨头敲碎。这一刻，猿人灵光乍现，意识到了工具的重要性，这也意味着猿人迈出了踏入智慧大门的一大步。

在领悟了可以以兽骨为工具的奥秘后，猿人又做出了一个奇幻的举动——他将兽骨向空中一掷，当镜头上移，兽骨已然变成一艘飘浮在茫茫太空之中的宇宙飞船。从猿人到现代人类，从以兽骨为工具到制造出高科技的宇宙飞船，人类几百万年的进化史都被浓缩进了这个史诗级的蒙太奇镜头中。

能否制造和使用工具是人类与动物的根本区别所在，正是从使用工具开始，猿人才真正开始了向人类进化的历程。而人类文明的发展史，从本质上说也是一部工具演化史。工具水平的不断发展和提升，带来了各种各样的变化，也牵引着人类文明不断升级。

前面提到的问题的答案在此时也就呼之欲出了：发展新 IT 是因为，在智能时代，新 IT 是数智化跃迁的重要工具，只有用好这个工具，我们才能更快、更好地进入澎湃而至的新时代。

那么，新 IT 这个工具能够在哪些层面发挥作用呢？

对个人来说，新 IT 在一定范围内彻底改变了人们的生活方式和工作方式。各种数字技术的发展与应用，使物质世界与数字世界深度融合，在线教育、在线办公、智慧医疗、在线娱乐等成为现实，人们的生活和工作也因此更多地从线下向线上转移，并越来越便利、高效。这带来的好处是，以前束缚人们的时空限制被打破，信息传递和交流更加便捷，知识更易于获取，教育、医疗和保健等服务也能更好地触达用户，人们的工作效率和生活质量由此得到大幅度提升，可以更好地追求自身价值的实现。

对企业来说，新 IT 能够驱动智能化转型。近些年来，智能化转型已经成为所有企业的必然选择。而新 IT 能帮助企业打造敏捷、韧性的数字化能力，赋能业务模式的快速创新，重构传统业务流程和价值链，改善财务结构，推动企业实现全要素、全链条、全层级的智能化转型。

现在，诸多新IT企业已经开始行动起来。

❖

以亚马逊、微软和阿里巴巴为代表的云计算企业，正在重构数字计算的方式与价值，让更多企业能够灵活购置和使用算力，加速了中小企业的数字化进程。

以百度为代表的AI科技企业，正在通过发挥其AI、大数据等技术优势，为不同的城市构筑“城市大脑”，推动智慧城市的落地。

以树根互联和工业富联为代表的新型2B数字化服务商，正在用其独特的工业互联网平台技术，重塑传统制造业的“奇经八脉”。

以联想为代表的ICT服务商为实体制造业提供数字化转型赋能方案，同时联想自身又作为科技制造企业的“双实”企业，凭借其软硬件综合实力及其在数字制造领域积累的独特经验，打造了“端–边–云–网–智”全要素覆盖的新IT技术架构，帮助大量企业实现智能化转型。

新 IT 在企业智能化转型中所发挥的“赋能者”的作用已经得到了充分证明。对产业来说，以云计算、大数据、人工智能等为代表的新一代数字技术的应用，将加速各个产业的数实融合和智能化变革，甚至重塑产业生态，在不久的未来，新产业、新模式、新场景一定会不断涌现。

对国家来说，新 IT 必将深刻影响国际产业竞争格局和国家的国际竞争力。我国“十四五”规划中明确提出，要“迎接数字时代，激活数据要素潜能，推进网络强国建设，加快建设数字经济、数字社会、数字政府，以数字化转型整体驱动生产方式、生活方式和治理方式变革”“充分发挥海量数据和丰富应用场景优势，促进数字技术与实体经济深度融合，赋能传统产业转型升级，催生新产业新业态新模式，壮大经济发展新引擎”。

同时，政府对实现上述目标的“新 IT”技术也做了相应的部署，提出要围绕强化数字转型、智能升级、融合创新支撑，布局建设信息基础设施、融合基础设施、创新基础设施等新型基础设施。建设高速泛在、天地一体、集成互联、安全高效的信息基础设施，增强数据感知、传输、存储和运算能力。加快 5G 网络规模化部署，推广升级千兆光纤网络。前瞻布局 6G 网络技术储备。推动物联网全面发展，打造支持固移融合、宽窄结合的物联接入能力。积极稳妥发展工业互联网和车联网。加快交通、能源、市政等传统基础设施数字化改造，加强泛在感知、终端联网、智能调度体系建设。

未来，我们将会看到，新 IT 将打破原子世界（物质世界）和比特世界（数字世界）的隔阂，在将物理世界数字化的基础上，发展各类数字技术，提升生产效率、能源效率，减少浪费与污染，利用数字技术对基础设施进行更新，为我们创造出一个更便捷、高效、安全、丰富和舒适的生存环境。这样的图景并非天方夜谭，而是技术发展的规律使然，是人类技术文明历经漫长演进后的一种必然趋势。

NEW
INTELLIGENT
TRANSFORMATION

| 第 2 章 |

新 IT 的发生逻辑

新 IT 是智能化转型的重要工具，而智能化转型的过程其实就是以新 IT 架构为底座，为不同的垂直行业赋能，进而提升整个行业的反应敏捷度和生产效能，这就是新 IT 的发生逻辑。

SHEIN 为什么能逆袭

当新 IT 掀起的新浪潮汹涌而来并彻底改变我们的生产和生活方式时，置身于这场浪潮中的很多人或许还感到有些迷茫，不知道这场浪潮因何而生。

那么，新 IT 的发生逻辑是什么呢？

一滴水能够折射出太阳的光辉，而一个商业案例也能折射出新 IT 的价值和它所带来的巨大机遇。在这里，我们从 SHEIN 的逆袭开始讲起。

SHEIN 是一家总部位于南京的跨境服饰电商平台，

与国内的服装制造厂合作推出产品，面向海外市场销售。近几年，它的成长速度极为迅猛，一度超越亚马逊成为电商类 app 榜单第一名，在美国等市场的销售额甚至超过了 ZARA 和 H&M 等快时尚品牌。

SHEIN 的增长如此快速的原因主要在于，其将前沿的数字化技术和智能技术与传统服装制造流程和供应链流程进行了有效结合，进而实现了从设计、生产到销售、反馈全环节的快速反应。这是一种全新的反应能力，只有通过比较我们才能真正理解其独特之处。

在 SHEIN 之前，ZARA 一直被视为服饰领域中行动最为敏捷的公司。在对传统的设计和生产等流程不断优化的基础上，ZARA 也利用信息技术打造了一套高效的供应链体系。

通常情况下，快时尚品牌主要根据全球权威设计师和顶级时尚品牌在时装周推出的产品风格，来确定自己的产品设计风格和战略规划。它们会先在品牌所在的发达国家完成设计和规划工作，再与劳动力成本更低的发展中国家的代工厂联系，让代工厂制作样衣，然后进行后续的采购订货、定量定价、批量生产等环节。这种设计和生产的分离，使得整个过程障碍重重，从设计到制作样衣，再到批量生产，然后配送到专卖店，常常需要半年之久。因此，大部分快时尚品牌一年只推两季的新品，且款型常常只有 3000 ～ 4000 种，即便如此，还是经常遭遇库存积压的问题。ZARA 则通过优化这一流程形成了独特的竞争力。

在设计环节，ZARA 建立了极其快速的信息转换能力。能够快速洞悉消费市场中即将流行和正在流行的趋势，然后以最快的速度生产出产品来满足消费者的需求。除了像其他品牌一样安排设计师混迹于时装周的 T 台周围，ZARA 还在全球各地安排了极具时尚嗅觉的买手，他们持续不断地从时装杂志上，以及时装展、交易会、电影院、酒吧、街头、校园、咖啡馆等处捕捉并汇总时下的潮流趋势，确保自己始终紧跟时尚的脚步。

此外，ZARA 遍布全球的专卖店每天都会通过信息系统反馈销售和库存信息，以及销售过程中顾客的反馈意见。所有这些信息，都成了总部设计师的参考依据。

在生产和配送环节，ZARA 建立了高效且快速的供应链反应能力。不同于大多数竞争对手所采用的亚洲工厂代工的模式，ZARA 在其总部西班牙拥有数十家自有工厂，外包工厂中相当大的一部分也在欧洲，亚洲的外包工厂占比并不高。而且其自有工厂可以进行布匹染色、裁剪、成衣制作等工序，能够实现服装制作的垂直一体化生产。

ZARA 的服装生产采用混合模式，大约 50% 的产品自己生产，另外 50% 的产品生产通过外包实现。对于那些潮流敏感度高的、处于小批量尝试阶段的款式，ZARA 会自己生产，确保可以在质量和速度方面进行最佳控制。而那些潮流敏感度一般、价格敏感度较高的基本款，则交由外包工厂生产。

在配送方面，各地区的专卖店会根据自己的需求直接向总部下采购订单。ZARA 在欧洲和南美洲都设立了配送中心，有的配送中心甚至开设了专门的高速通道，收到订单后 8 小时内就能将货物运走。此外，ZARA 在欧洲和南美洲还有两个空运基地，负责给亚洲和美国市场送货。正常情况下，欧洲专卖店能在 24 小时内收到货物，美国专卖店在 48 小时内、亚洲专卖店在 72 小时内可以收到货物。

根据专卖店每天反馈的销售和库存信息，总部会分析产品畅销程度，如果产品滞销，就会取消原有的生产计划。这使得 ZARA 的季前生产量仅占预期销量的 15% 左右，远低于行业平均水平（季节生产量占预期销量的 75%）。

通过快速的信息转换能力和供应链反应能力，ZARA 的一款产品从开发到进入专卖店，只需要两周时间，而行业平均水平是 6 个月以上。ZARA 每年能够推出超过一万个新款，是竞争对手的 3 ～ 4 倍。ZARA 只需 6 天的库存就能应对市场需求，而竞争对手一般需要储备将近两个月的库存。

凭着这一套组合拳，ZARA 在 2008 年击败了当时服装界的“一哥”GAP，成为销量最高的服装企业。但是，由于沉浸在高光时刻十多年，ZARA 对数字技术的发展及由此引发的市场变化反应迟钝，没有意识到竞争环境已悄然改变。以 SHEIN 为代表的这种结合了数字化经济和快反工厂的新型商业模式，正在对ZARA形成巨大的冲击。

在设计环节，SHEIN不再唯时装周马首是瞻，而是利用数字化跟踪系统从互联网抓取相关信息，包括服装潮流、搜索趋势等，从中洞悉流行风向。在生产方面，配合国内的柔性供应链，单件产品达到100件就可以生产，且从打样到上线只需要7天时间，比ZARA还快1倍。这样，SHEIN能以更小的批量、更高的频次推出产品，将这些产品当作MVP（最小可行性产品）去和市场对话，然后根据销售数据进行相应的生产调整。通过这套数字化神经系统，SHEIN一年能够推出超过10万个新款，是ZARA的10余倍。此外，SHEIN还在价格设计、质量管控、上下游建设等方面进行了多项创新。

SHEIN的独特之处在于，利用数字和智能技术对传统的服装生产流程和供应链流程进行赋能，将自己变成了一家虚拟制造工厂，将传统的供应链变成了一种类似神经系统的反射弧。这种反射弧的优势不仅体现在它能够对市场反馈进行更为高效和快捷的反应，更体现在其能够在流行和趋势出现之前就做出预测，实现一种前摄反应——在市场给出明确反馈之前就开始反应。

SHEIN 的案例让我们看到，哪怕是在一个非常传统的行业，品牌在与新 IT 有效结合后，也会成为一个足以颠覆传统巨头的智能化新物种。

我们说新 IT 是智能化转型的重要工具，而智能化转型的过程其实就是以新 IT 架构为底座，为不同的垂直行业赋能，进而提升整个行业的反应敏捷度和生产效能，这就是新 IT 的发生逻辑。

要更深入地理解这一逻辑，我们需要思考两个问题：产业智能化的本质是什么？为什么从消费互联网到产业互联网是必然趋势？

产业智能化的本质

尽管我们都知道智能化是当前技术发展毋庸置疑的总趋势，但对于什么是智能化，智能化和信息化之间有什么区别，智能化是否已经开始等种种问题，很多人依旧充满疑惑。大众对智能革命的认知，似乎仍然停留在其标志是造出一个能以假乱真的智能机器人的印象里，似乎所有的智能技术都是为了实现这个目的。

然而，造出一台能够以假乱真的机器人既不必要，也非必须。智能化的使命在于，用更先进的技术体系和更智能的机器改造传统的生产和生活方式，使生产更高效、生活更便利，将人彻底解放出来，释放更大的创造力，使人的价值得到更充分的发挥。事实上，这也是每一次技术变革的最初目的和最终归宿。

智能化并不是要实现一个确定的目的，其本质是一个过程，是新技术体系不断赋能传统产业的过程。我们要在信息化的基础上进一步升级，让旧的流程和系统变得更加敏捷和智能。

有两个拼写相似的单词正好可以用来说明信息时代和智能时代的不同——信息时代是内容（content）为王，智能时代则是场景（context）为王。事实上，在信息化过程中，机器已经在很多脑力因素上远超人类。比如，计算机能记住很多东西，有更强和更准确的运算能力等。在此基础上，它们可以辅助人类做很多人类无法单独做到的事情。

而智能化就是要在之前的基础上更进一步，让这些过去只拥有“答案”的机器具备对场景的感知能力，让它们能够主动将已经具备的超常能力应用在合适的场景中。所以，开启智能化的第一步，就是要从过去对内容的关注，切换到对场景的关注。

对场景的感受能力，决定着一个人的智能程度，也能够反映一台机器的智能程度。这种感受能力表现为，我们可以通过一套数字化系统实现前摄反应，智能机器的价值不再是通过对刺激的反应速度来体现，而是通过对将要发生事件的预测的提前性和准确性来体现。

我国经济已经进入新发展阶段，从过去的高速增长阶段转向了高质量发展阶段，这一阶段的发展目标之一，是要实现高质量的产品和服务供给与高品质的消费需求之间的最佳匹配，充分挖掘消费市场的潜力。中国经济的发展激发了人民对美好生活的追求，消费者对高品质、个性化、差异化的商品和服务的消费需求将持续增长。

智能化转型将为企业准确地捕捉消费者需求的变动趋势，反过来影响商品的生产和服务的提供，实现消费市场供给与需求的平滑匹配。对商品供给企业来说，智能化转型将让企业的生产更加精准、产品的质量得到提高、产品的销售渠道更加顺畅；对服务供给企业来说，智能化转型将拉近企业与消费者的距离，提供更加精准、有温度、差异化和个性化的服务。

在新 IT 的发生逻辑下，我们最终要实现的是一场经济模式的变革，即实现从过往的注意力经济到意愿经济的转型。

注意力经济的特点是，产品能否产生相应的客户价值是次要的，抓住买家的眼球，从大量同质化商品中脱颖而出，获得买家的青睐才是主要的。而且，为了让好不容易捕获的客户持续消费，卖家用各种会员制、积分制和优惠券来“绑架”客户。在注意力经济下，买家所谓的自由不过是选择自己被谁“绑架”的自由。注意力经济造成了很大的浪费，一方面是因为，过度营销产生了冗余成本，尽管其并不产生任何客户价值，但这些成本最终都转嫁给了客户；另一方面是因为，卖家将大量的心力从做出客户真正需要的好产品上转移到了如何提升可见度上，劳心劳力，却不见得能够真正赢得客户的欢心。

意愿经济的特点是，以新 IT 实现态势感知，有效捕捉并整理消费者意愿，将提炼出的意愿直接作为生产和设计的依据，以真实的客户意愿代替过去的盲目猜测。买家说出意愿，卖家满足意愿，交易回归到了其自愿的本质。在这种状态下，产品能够有效契合需求，卖家无须费心去制作那么多繁杂的广告，买家也不用再忍受各种营销的狂轰滥炸。买家直接参与到产品价值链的创造中，而不再像过去那样只是被动的接受者。通过让买家拥有表达需求的条件和机会，让卖家告别猜测，既避免了误会造成的浪费，也避免了猜疑导致的对立。

新 IT 引领产业智能化，实现从注意力经济到意愿经济变革的第一步，是从消费互联网到产业互联网的转变。

从消费互联网到产业互联网

在过去几十年的发展历程中，互联网给经济生活带来了翻天覆地的影响，这种影响在很大程度上是通过“连接”实现的。

连接能够产生的一个显而易见的价值是，它可以解决信息不对称的问题，通过合理且高效地匹配供需双方的信息，提高交易频次和效率。在中国过去 20 多年的互联网发展历程中，电商、社交、搜索、资讯、共享经济和本地生活服务等领域都获得了快速发展，几乎每一个领域都出现了巨头企业。尽管这些领域的业务内容和商业模式并不相同，但是究其本质，它们的成功都可以归结到一个相同的原因——互联网。

互联网实现了人与人的连接、人与信息的连接、人与商品和服务的连接，上述各个领域的巨头企业便是在促成这些连接关系的过程中发现了商机，并逐步壮大起来的。

在 PC 互联网和移动互联网时期，互联网技术带来的价值主要体现在个人用户相关的消费和娱乐方面，我们将这一阶段称为“消费互联网”。消费互联网的主要服务对象是个人消费者，各消费互联网平台主要通过免费或者低成本的信息、内容或服务来吸引个人用户，然后通过广告等方式进行流量变现。

尽管消费互联网并没有特别深入产业领域，更多的时候只是搭建了一个信息集散地一样的“轻平台”，但是依旧对产业发展产生了很大的影响。

在互联网出现之前，大量的供应商和消费者处于隔离状态，很难直接展开交易，信息不对称导致交易效率低下，也导致了资源的浪费。而消费互联网得以兴起，正是由于互联网技术提供的便捷性解决了上述问题，通过对资源的高效整合，提高了供需双方的交易和沟通效率。

技术和手段的限制，使得供需双方的信息就像是被大坝隔开的洪水一样，而消费互联网则开启了挡在供需双方面前的闸板，因此，在互联网发展初期，仅仅通过简单的信息匹配服务，就能释放出巨大的能量，足以让一家企业获得快速成长。

在这一阶段，互联网平台企业不用考虑多样、复杂的生产过程，且技术应用门槛相对较低，因此其发展模式可复制性强，可以快速实现规模效应。同时，因其流量变现模式投资回报周期较短，所以更容易获得资本的青睐。一家刚刚成立不久的企业，只要能够发现并快速吸引一批未被满足的流量，就能获得大额融资，从而实现快速成长。

在消费互联网平台上，因为能够接触到更多的需求方，供给侧扩张了市场，与此同时，大量的供应也为需求侧提供了更多的选择。作为连接两者的平台，随着供需双方的相互吸引，消费互联网平台的业务量也实现了不断的增长。借助互联网技术，消费互联网平台一方面能够实现对资源高效率的吞吐，另一方面又可以通过免费提供价值业务，创造更多的用户，开展更多的创新。这也使得消费互联网平台成为新的经济引领者。

1996 年年底，世界上最有价值的 5 家企业是通用电气、荷兰皇家壳牌、可口可乐、日本电报电话公司和埃克森美孚，它们都是传统的工业或消费品公司，依赖庞大的规模经济和有数十年历史的品牌推动其价值增值。然而，20 年后的 2017 年，世界上最有价值的 5 家企业却变成了苹果、谷歌、微软、亚马逊和脸书。

在互联网平台经济中，平台、消费者、服务商共同形成了一个生态系统。其中，平台是生态系统的基础，为消费者和服务商提供商品、交易和物流等方面的信息和服务；海量的消费者和服务商是平台经济的主体，通过平台完成信息交换、需求匹配、资金支付、货物交收等一系列经济活动。平台经济的参与者之间的相互影响、协同治理、相互合作，势必会延伸至更多的领域，向传统经济加速渗透。互联网在经济中起作用的方式也不再仅限于提供一个简单的信息集散地，当基于流量的交易模式发展成熟后，互联网平台企业也开始向产业纵深进发。

自2016年美团创始人王兴提出“互联网下半场”的概念以来，有关“下半场”和“产业互联网”的讨论便逐渐热了起来。大家习惯于将我们上述提到的过去二十多年的互联网发展称为“互联网上半场”，或“消费互联网”，同时认为不论是从技术的逻辑看，还是从商业的逻辑看，我们正在走向互联网下半场，也即产业互联网。

近年来，互联网领域的人口红利迅速消失，这要求互联网企业去寻求新的增量来源，在商业模式上不再限于单纯的消费者与内容的连接，开始向纵深挺进。

随着消费互联网发展的日渐成熟以及消费升级，需求侧的发展正在倒逼产业供给侧变革。这就意味着产业供给侧需要产生一些产业互联网平台型企业。它们的作用体现在，首先，与消费互联网类似，要连接产业链的上下游资源，通过打通各类信息形成产业大数据，从而实现供需匹配；其次，利用自己所掌握的数据信息，对传统产业链进行整合优化，尽可能地减少不创造价值的环节，建立新模式下的产业价值网络连接；最后，通过一定的方式汇聚产业服务资源，对产业链上下游企业进行技术、金融等方面的赋能，带动产业链整体的转型升级。

此外，移动互联网发展带来的海量数据，使得相关的人工智能、大数据和云计算等技术的潜力逐步得到释放。随着 5G 商用、万物联网的 IoT（物联网）时代的快步走来，越来越多的设备开始信息化和智能化，越来越多的数据汇集到云端进行智能运算，这也就意味着更多产业层面的商业价值和商业模式将被创造。

从更大的宏观环境来看，我国已经进入一个新的发展阶段，社会主要矛盾已经转化为人民日益增长的美好生活需要和不平衡不充分的发展之间的矛盾。具体看来，在需求侧，人们对美好生活的需要以及消费互联网发展带来的新体验，不断促进着消费升级；在供给侧，大部分实体产业链条长，产业链上大量小且散的参与者存在着信息不对称、供需失衡、生产水平落后、同质化竞争和整体效率低下等一系列问题。

一边是切实的需求得不到很好的满足，另一边是大量的劣质产能过剩，产业链发展存在着严重的不充分、不平衡现象，导致供给侧和需求侧严重失衡。传统的产业结构和生产经营模式已经难以适应新时代经济发展的需求，产业转型升级迫在眉睫。

将互联网技术应用于产业改造，对产业链供给侧进行优化，通过产业链的优化实现生产关系改造，用新技术对供应链各个环节进行赋能以提升生产力，这便是产业互联网要做的事情。

首先，产业互联网有助于推动实体经济与数字经济的融合。当前，实体经济正在经历数字化改造，具体体现为从设备到各个工序，再到企业管理和业务运行的上下游，最终到消费者，都在经历全面的数字化。

其次，产业互联网将极大推动生产服务业的发展。传统服务业主要为消费者提供服务，而生产服务业则主要为从事生产活动的企业客户提供服务。IT 企业、互联网企业和一些传统企业内孵化的服务商，都会为传统企业提供各种各样的数字化相关服务。

产业互联网的内容主要体现在，以生产者为用户，以生产活动为主要内容，涵盖企业生产经营活动的整个生命周期，让互联网技术渗透并赋能设计、研发、生产、融资和流通等各个环节，利用互联网相关的技术和资源，诸如智能技术、云计算资源和大数据分析技术等，重构企业内部的组织架构，改造和创新生产经营和融资模式，改造企业与外部的协同交互方式，改变企业的运营管理方式与服务模式，从而实现提高效率、降低成本、节约资源和协同发展的目的。

通过产业互联网连接传统企业，实现实体产业数字化之后，下一步便是以新 IT 全面赋能传统产业，逐步实现各产业从数字化到智能化的转变。

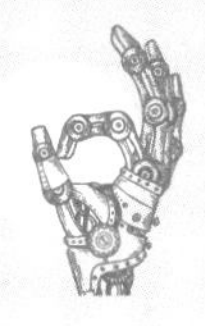

NEW
INTELLIGENT
TRANSFORMATION

| 第 3 章 |

新 IT 的三大基石

推动机器学习发生脱胎换骨变化的，是数据、算法和算力这三个核心要素。这三个要素也是新 IT 的三大基石，其重要性如同工业时代的煤炭、石油、蒸汽机、发动机，牵引、支撑着各个产业的数字化和智能化升级，推动了智慧城市、智能交通、智慧医疗、智慧零售等的诞生和发展。

从传统人工智能到机器学习

赋予机器以智能是新IT的主要特征，也是它可以驱动企业智能化转型、赋能产业从“制造”向“智造”跃迁的根本原因。从这个角度来说，虽然新IT包含了云计算、大数据、人工智能、区块链、物联网、5G等多种技术，但其核心是人工智能。

在如今这个社会，“人工智能”早已不是一个畅想性的概念了。从社交媒体和购物软件的精准推送到Siri、Alexa、Cortana等智能数字助理，从人脸识别到自动驾驶，生活中人工智能的影子处处可见，“人工智能”这个几年前还很“科幻”的概念现在已经与我们的日常生活息息相关。当然，推动这个概念走入大多数普通人视野的最大

“功臣”，非 AlphaGo 莫属。

尽管已经声名在外，但实际上 AlphaGo 的形象对大多数人来说还是很模糊的，我们并不知道它具体长什么样子。如果非要我们在脑海中构建出与人类棋手对弈的 AlphaGo 的形象，我们更愿意将其想象成一个人形机器人。

我们很容易忽略一点，那就是与人类棋手对弈的机器，其实也是一个“身体”和“思维”的综合体。它的“身体”包含数千台服务器、上千块 CPU 和高性能显卡。正如我们的大脑活动会消耗大量的能量一样，这些硬件设备也会消耗大量的电力和算力。它的“思维”则是算法和数据的结合。正是凭借一些能够在大数据中进行主动学习的算法，AlphaGo 拥有了战胜人类围棋高手的智能。

AlphaGo 是新 IT 时代智能机器的缩影，它们的驱动核心是一套金字塔模型，由数据、算法和算力三部分组成，如图 3-1 所示。

在旧 IT 时代，我们能找出 PC 这样有形的代表性机器，而新 IT 时代的机器往往是无形的，它们往往是由数据、算法和算力融合而成的一种智能系统。人类在与其交互的过程中，常常更加看重其带来的效果，而忽略其形象。事实上，我们也很难为这些机器设定一个边界明确的形象。不同于有形的机器会越用越陈旧和迟钝，新 IT 时代的机器会越用越聪明，因为它们可以自行学习，其运行的过程就是获得新知的过程。当然，这些特点的实现都建立在数据、算法和算力的发展之上。

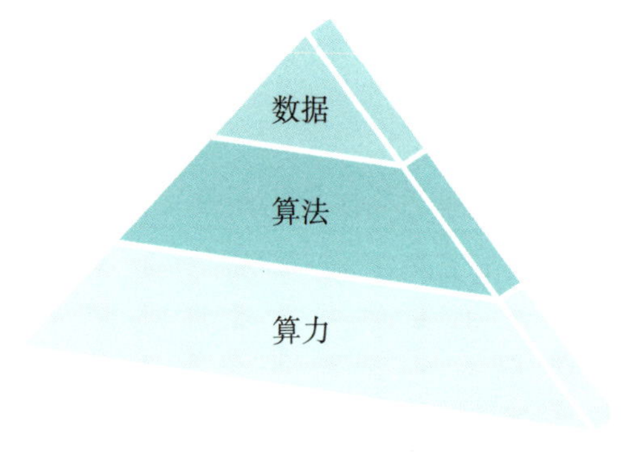

图 3-1 新 IT 时代智能机器的金字塔模型

传统机器是如何演变为能够自行学习的智能机器的？这要从人工智能这一概念的提出讲起。

1956 年，达特茅斯学院助理数学教授、后来的“图灵奖”获得者约翰·麦卡锡（John McCarthy）发起了一场讨论会，克劳德·香农（Claude Shannon）、马文·明斯基（Marvin Minsky）、纳撒尼尔·罗切斯特（Nathaniel Rochester）、赫伯特·西蒙（Herbert Simon）、艾伦·纽厄尔（Allen Newell）、亚瑟·塞缪尔（Arthur Samuel）、奥利弗·戈登·塞尔弗里奇（Oliver Gordon Selfridge）、特伦查德·莫尔（Trenchard More）和雷·所罗门诺夫（Ray Solomonoff）参与了会议，这 10 位学者当时还很年轻，年纪最小的还不到 30 岁。

这群人聚在一起，以“机器智能”为主题，展开了一场伟大的头脑风暴，这次会议后来被称为达特茅斯会议。正是在这次会议上，约翰·麦卡锡正式提出了“人工智能”这一概念，这次会议也被视为智能革命的起点。

在人工智能议题刚刚被提出的时候，最直接的方式其实就是让机器模仿人类。具体的思路就是先了解人类的思维模式，然后让机器按照这种思维模式去做。执行方式是先由人类提炼出某个认知过程的规则，然后将其输入到计算机中，当遇到一个明确的问题时，计算机就可以根据这套规则得出一个标准答案。这种模式下的计算机相当于一台应答机，先提前记住各种可能的答案，遇到问题时，快速在答案库中完成检索，挑选出对应的答案。为了区别于后来的机器学习，人们习惯将上述这种人工智能实现方式称为“传统人工智能”。

在机器学习获得突破性发展的今天，再去回溯传统人工智能时，我们不难发现这种模式的局限性。一方面，如果按照这种思路，工作量会大到不切实际，因为要穷尽人类世界中所有的规则，然后把它们输入到计算机中。另一方面，就算我们能够穷尽人类所有的知识规则，并且将其成功输入到了计算机中，得到的也不过是一个能够快速回答固定问题的机器而已，就像是一本百科全书一样，它自身没有任何的创新能力，其价值与我们投入的成本是严重不匹配的。

传统人工智能最大的限制，可以用 20 世纪英国学者迈克尔·波拉尼（Michael Polanyi）提出的“波拉尼悖论”来说明，该理论的大致含义是“我们所知道的往往多于我们所能够表达的”。也就是说，一个人能够明确表达出来的部分其实只在其总的知识构成中占很小的一部分，大部分的知识都是我们不知道自己知道的，如图 3-2 所示。

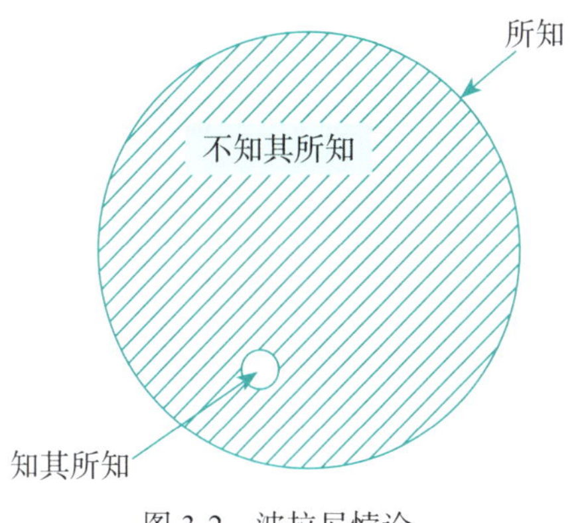

图 3-2 波拉尼悖论

为什么在很长的时间里计算机在围棋领域的进展都特别缓慢？这是因为程序员没有办法把人类围棋高手的下棋思路和模式全部输入到计算机中。尽管看上去只有一个 19×19 的棋盘、180 颗白棋子和 181 颗黑棋子，围棋规则看起来也并不复杂，但棋局的变化和可能性之多实则超乎想象。要将围棋多到令人咋舌的变化和可能性输入到计算机中，无异于天方夜谭。

要完成这个任务，需要不一样的人工智能研究思路。

早在 1952 年，达特茅斯会议的参与者之一、当时在 IBM 工作的科学家亚瑟·塞缪尔开发了一个跳棋程序，该程序可以随着对弈局数的增多而不断提高自身的下棋技术。据此，亚瑟·塞缪尔创造了“机器学习”这一概念，将其定义为“可以提供计算机能力而无须显式编程的研究领域”。

作为区别于传统人工智能的另一个研究方向，机器学习的研究理念对人工智能技术发展最大的贡献在于，如果机器自己不会学习的话，那么它们就永远无法跟上人类的脚步。授人以鱼不如授人以渔，真正的智能机器需要的不是答案，而是学习能力。在让机器智能化这件事情上，人类的作用更应该像个园丁或老师，而不是一个匠人或工程师。

《人机平台：商业未来行动路线图》一书用两种不同的语言学习方式来类比机器学习与传统人工智能，有利于我们更好地理解它们之间的差异。

传统人工智能的思路与成年人学习第二语言的过程类似，而机器学习的思路则与儿童学习母语的过程类似。成年人学习第二语言时，会从语法入手，也就是从规则入手。想想我们学习英语的过程，首先要了解句子包含哪些成分，词性有多少种，什么词能做什么成分，什么时候用什么时态，等等。规则不仅多，而且常常还会出现很多例外，让人难以把握，痛苦不堪。

而儿童学习母语时则没有这种苦恼。在上学之前，他们从未接触过明确的规则指导，只是通过倾听父母和周围人的聊天，来辨别其中的规则和模式。这其实就是用统计原理去辨别语言模式，先摄入大量的数据，然后从数据中提取共同点，形成正确的认知。

对这两种方式的效果我们都心知肚明——除了少数特殊情况，没有母语学习失败的孩子，而学习了十多年外语却没有什么进展的成年人却大有人在。

尽管在学习理念上更为务实和有效，但是机器学习的发展并非一帆风顺，因为早期的数据量有限，该领域的研究长期没有取得明显的进展。直到 20 世纪 80 年代，一些研究者开始尝试用统计的方法解决语音识别的问题，机器学习的潜力才逐步凸显出来。

今天，我们所能见到的所有引人注目的智能机器，背后的支撑都是机器学习。从寂寂无闻到成为一门“显学”，机器学习发生了脱胎换骨的变化，而推动这一变化的正是数据、算法和算力这三个核心要素。

这三个要素也是新 IT 的三大基石，其重要性如同工业时代的煤炭、石油、蒸汽机、发动机，牵引、支撑着各个产业的数字化和智能化升级，推动了智慧城市、智能交通、智慧医疗、智慧零售等的诞生和发展。接下来，我们对这三大基石分别进行详细介绍。

数据：一种全新的能源

在第一次工业革命中，煤炭驱动着蒸汽机投入工业生产，使生产效率大幅提升。在第二次工业革命中，石油、电力等能源的应用推动了社会生产力的发展，使人类社会发生了天翻地覆的变化。而进入 21 世纪以后，一种全新的能源驱动着机器智能快速进步，使其在多个智能领域赶上甚至超过人类，这种全新的能源就是数据。

如今，我们生活在一个数据大爆炸的时代，无论是社会生产还是日常生活，都无时无刻不在产生着数据。

最初的网络数据主要来源于各种类型的计算机在工作时产生的数据，还有一些传感器产生的数据。后来，一些企业和个人开始将过去已经存在的一些以非数字化形式存储的信息逐步数字化，包括语音、图片、视频、文字档案、医学影像等信息。最典型的就是谷歌的数字图书馆计划，该计划力图将世界范围内各大图书馆的馆藏图书都扫描成电子档案保存。

在 PC 互联网时代，以门户网站、搜索引擎、电子商务和图文视频多媒体为代表的各类网站的兴起，是个人数据快速增长的开始。移动互联网的发展加快了数据增长的速度。在 PC 互联网时代，上网的必要条件是人坐在计算机前操作计算机界面上的浏览器或者其他软件，上网是一个有仪式感、有意识的行为，且当时的网民数量占比也不高。而移动互联网时代来临后，不仅实现了人人上线，同时也实现了时时在线。上网成了一种常态，且很多时候是在无意识的状态下进行的，手机和各种可穿戴设备随时随地都在记录并上传着我们的数据。

数据存储单位的不断变化，是数据爆发式增长的证据之一。最基础的数字存储单位是比特（Bit），一般简写为 b，往上一级的数字存储单位是字节（Byte），一般简写为 B，它们之间的关系是 1B=8b。再往上的数字存储单位依次是千字节（KB）、兆字节（MB）、吉字节（GB）、太字节（TB）、拍字节（PB）、艾字节（EB）、泽字节（ZB）和尧字节（YB）。从字节起，相邻的两个数字存储单位中后边的单位是前边单位的 1024 倍，也即 1KB=1024B，1MB=1024KB……依次类推。

大众比较熟悉的单位一般是从字节到太字节，现在通行的个人移动硬盘存储量往往都是几太字节，常见的手机和计算机的存储量为 64 ～ 500GB。进入移动互联网时代后，我们产生的数据量其实在高速逼近最高计量单位。

全世界在 2018 年创建、捕获、复制和消耗的数据总量为 33ZB。2020 年，这一数字增长到 47ZB，而到 2035 年，这一数字将达到 2142ZB。㊀

随着数据的海量产生，越来越多的人认识到了数据的重要性。2020 年 3 月发布的《中共中央 国务院关于构建更加完善的要素市场化配置体制机制的意见》提出了土地、劳动力、资本、技术、数据五个要素领域改革的方向，数据作为一种新型生产要素第一次正式出现在官

㊀ 中国信息通信研究院 . 人数据白皮书（2020 年）[EB/OL].（2020-12-31）[2022-11-01]. http://www.caict.ac.cn/kxyi/qwfb/bps/202012/P020210208530851510348.pdf.

方文件中。

对新 IT 而言，数据是一种非常重要的要素。因为实现人工智能的第一要素就是数据，在某种意义上，数据是智能机器的学习资源，只有处理了或者说学习了足够多的数据，智能机器才能拥有智能。而当数据的规模大到在获取、存储、管理、分析方面大大超出了传统数据库软件工具能力范围时，就形成了大数据[一]。在大数据的助力下，智能机器将会变得越来越聪明。

早在几十年前，这一点就已被认识到。20 世纪 70 年代初，自然语言处理和语音识别专家弗雷德里克·杰利内克（Frederick Jelinek）在做语音识别研究时突发奇想，决定从另一个角度来思考问题：他将海量数据输入到计算机中，让计算机进行快速匹配，以此来提高语音识别率。他惊奇地发现，复杂的智能问题由此转变为简单的统计问题，处理统计数据正是计算机的强项。通过这次创造性的探索，杰利内克发现，让计算机获得智能的钥

[一] 此处借用了麦肯锡全球研究所对“大数据”的定义：一种规模大到在获取、存储、管理、分析方面大大超出了传统数据库软件工具能力范围的数据集合。

匙其实是大数据。

加州大学戴维斯分校教授马丁·希尔伯特（Martin Hilbert）认为，在数字化信息爆炸式增长的过程中，每个参与信息交换的节点都可以在短时间内接收并存储大量数据，这是收集和积累大数据的重要前提条件。全球信息存储能力大约每三年翻一番，信息存储能力的提高为我们利用大数据提供了近乎无限的想象空间。有了海量的信息获取能力和信息存储能力，我们也必须有对这些信息进行整理、加工和分析的能力。在数据量逐渐增大的同时，大型互联网公司也建立了灵活、强大的分布式数据处理集群。数万台乃至数十万台计算机构成的并行计算集群每时每刻都在对累积的数据开展进一步加工和分析。

吴军博士在《智能时代：大数据与智能革命重新定义未来》一书中提到，2005 年可以被视为大数据元年，因为这一年科技领域发生了一件大事：此前在机器翻译领域没有技术积累且当时还并不为人所知的谷歌公司，在一场机器翻译比赛中，以巨大的领先优势打败了全世界其他所有的机器翻译研究团队。谷歌能够胜出，除了因为他们聘请到了当时世界上最高水平的机器翻译专家弗朗兹·奥科

（Franz Och）博士外，还有一个重要的原因，就是谷歌拥有其他团队所不具备的数据优势。[1]

以该事件为标志，此后以数据驱动为主的机器学习开始大幅度甩开专家系统的人工智能实现方式，不仅在翻译领域如此，在语音识别和其他相关的人工智能研究领域也都是如此。

在当下的人工智能发展中，机器学习算法与数据密不可分。数据成为支持机器智能成长最丰沃的养料，利用相关算法，计算机可以从数据中挖掘到价值难以估量的知识和规律。通过这种方式，它们可以学会以往只有人类才能理解的概念或知识，然后再将其应用于之前从未见过的新数据之上，进而在很多方面超越人类。

算法：挖掘数据智能的有效方式

今天，算法在很多人眼里显得异常高深、神秘莫测，

[1] 吴军 . 智能时代：大数据与智能革命重新定义未来 [M]. 北京：中信出版集团，2016.

不论什么东西，只要与“算法”做一些简单的勾连，就会显得特别高大上，所以各种“××算法”的概念也是层出不穷。然而，究其本质，不论是广义的算法，还是狭义的计算机算法，其实都不难理解。

广义的算法是指解决问题的一系列步骤。英语中的“算法”一词源自阿拉伯数学家阿尔·花剌子米（Al-Khwarizmi）大约在公元 820 年写的《代数学》一书。而人类可考察的最早的数学算法出现的时间甚至更早，在巴格达附近出土的距今 4000 多年的苏美尔人的泥板上，就刻有一幅很长的除法示意图。

计算机算法就是计算机解决问题的方法和步骤。在计算机中，算法其实就是一系列指令，告诉计算机应该做什么。计算机本身是由几十亿个晶体管组成的，每一个晶体管相当于一个微小的开关，算法能在 1 秒内打开或关闭这些开关数十亿次。一个晶体管的开关状态就是 1 比特的信息，开关打开时信息是“1”，开关闭合时信息是“0”。

计算机算法需要克服的最大问题，是佩德罗·多明戈斯（Pedro Domingos）口中的“复杂性怪兽”，在他看来，“复杂性怪兽”像九头蛇一样，有很多脑袋，其中最主要的三个分别是“空间复杂性”“时间复杂性”和“人类的复杂性”。

空间复杂性是指解决某一问题的算法在运行时所占的内存大小与问题规模之间关系的度量。一个算法不论多好，其前提是必须能够装进给定的计算机存储空间，如果一个算法大到计算机存储空间无法容纳，那么事实上它就是没用的。

时间复杂性是指解决某一问题的算法运行时间的长短与问题规模之间关系的度量。如果一个算法需要运行特别久的时间，那它也没有用，因为一方面承载它的机器受不了，另一方面人们面临的问题也等不了。

人类的复杂性是指算法必须在人类可理解的范围内，如果算法太复杂以至于人类大脑无法理解，我们就很难发现其中可能存在的误差，也就无法纠正误差，算法也就无法实现我们要实现的目的。

算法迭代的整体进程，其实就是在克服上述几个主要问题的同时，解决越来越多的问题。

在传统人工智能模式中，算法完全是由人类决定的，计算机需要做的事情，更多还是根据人类输入的算法去执行计算。而机器学习最大的优势在于，能够根据输入的数据，得出新的算法。百度创始人李彦宏在其著作《智能革命：迎接人工智能时代的社会、经济与文化变革》中曾对此给出过一个很好理解的比喻：传统人工智能模式，就像是已经知道了函数关系式——$y=ax+b$，我们输入 x 的值，计算机输出 y 的值；而机器学习模式是，我们一开始压根不知道函数关系式，只知道一些输入值 x 和输出值 y，如果数据量足够多的话，计算机就可以通过不断逼近和数据拟合的方式，自动推导出近似的函数关系式。

近半个世纪以来，机器学习已经发展成为一门多领域交叉学科，涉及概率论、统计学、逼近论、凸分析、计算复杂性理论等多门学科。因此，机器学习内部也存在不少细分学派，每个学派都有自己独特的核心理念和研究的特定问题。但是它们的大致逻辑是类似的：每个学派基于特定的算法结构，调节算法参数，一般都会预测出一个模型，然后通过数据训练逐步优化模型。大致步骤为：第一，选择一个模型结构；第二，将训练数据输入模型；第三，学习算法，输出最优模型。

诞生最早，也是现阶段影响力最大的机器学习学派是联结学派，该学派主张模仿生物神经网络的结构和功能构建数学模型或计算模型。

1949 年，加拿大心理学家唐纳德·奥尔丁·赫布（Donald Olding Hebb）提出了著名的“赫布理论”，揭示了人脑神经的学习机制。这一理论认为，神经网络的学习过程发生在神经元之间的突触部位，突触的连接强度随着突触前后神经元的活动而变化，正确的反馈会让两个神经元的联系得到强化。这个机制类似于巴甫洛夫的条件反射实验（每次给狗喂食前都先响铃，时间一长，狗的神经系统就会将铃声和食物联系起来）的机制。

赫布用一套加权公式来模仿人类的神经网络，权重就代表神经元之间联系的强弱。这样也相当于给机器创造了一套可以简单区分事物的方法，对于每个数据，让决策树程序做出判断，判断对了就奖励（提高函数的权重），判断错了就惩罚（降低函数的权重）。

在赫布理论的基础上，弗兰克·罗森布拉特（Frank Rosenblatt）在 1957 年提出了感知器算法，这是一种线性分类模型，其原理就是通过不断试错以期寻找到一个合适的超平面把数据分开。简单地说，就是我们把写着“正确”和“错误”的两堆球输入进去，感知器可以找出这两堆不同的球的分界线。

感知器就好比输入与输出之间的一层神经网络，当面对复杂一点的情况时就有点力不从心了，比如当一个球同时包含“正确”球和“错误”球的特点时，或者又有第三种球出现的时候，感知器就无法找到分界线了。

1969 年，传统人工智能的支持者马文·李·明斯基（Marvin Lee Minsky）和他的同事西摩·佩珀特（Seymour Papert）共同出版了《感知器》一书，书中详细介绍了感知器算法的缺点，还一一列举了该算法无法学习的内容。但是这些不足都是针对单层神经网络的，他们在书中也承认，多层相互连接的神经元其实能够弥补单层感知器的不足，但是他们认为没有人能够找到相关的方法。

因为马文·李·明斯基在人工智能领域的影响力，《感知器》一书的出版给联结学派的发展造成了很大的打击，在后续相当长的时间里，专家系统占据了人工智能舞台。

1974 年，保罗·韦伯斯（Paul Werbos）提出了反向传播算法运用于人工神经网络的可能性，这意味着联结学派取得了一个关键进展，解决了感知器算法中存在的一部分问题。进入 21 世纪后，基于多层神经网络的深度学习算法让联结学派重新焕发了生机。

据说，“深度学习”（Deep Learning）这个术语是从 1986 年起流行开来的。但是，当时的深度学习理论还无法解决网络层次增多后带来的诸多问题，计算机的计算能力也远远达不到深度神经网络（DNN）的需要。更重要的是，深度学习赖以施展威力的大规模海量数据还没有完全准备好，因而深度学习在真正横空出世前，已经经历了十几年的等待和蛰伏期。

2006 年是深度学习发展史上的分水岭。加拿大计算机科学家杰弗里·埃弗里斯特·辛顿（Geoffrey Everest Hinton）在这一年发表了《一种深度置信网络的快速学习算法》及其他几篇重要论文，其他深度学习领域的泰斗和大师也在这一年前后贡献了一批重要的学术文章，在基本理论方面取得了若干重大突破。深度学习也由此进入高速发展的全盛期。

深度学习最核心的理念是通过增加神经网络的层数来提升效率，将复杂的输入数据逐层抽象和简化。也就是将复杂的问题分层、分段解决，一层神经网络解决一层的问题，这一层的结果交给下一层做进一步处理。一层神经网络可以找出简单的模式，多层神经网络则可以找出模式中的模式。以人脸识别为例，神经网络的第一层只专注于边长几十个像素的图像区域，从中识别出一些形状——眼睛、鼻子、嘴巴等，再把这些已经识别出的形状交给下一层神经网络，下一层神经网络在已有的识别结果里，发现更大的模式——眼睛、鼻子、嘴巴可以组合成人脸。

与深度学习同时兴起的，还有一个重要的机器学习算法——强化学习。强化学习强调基于环境行动，以取得最大化的预期利益。其灵感来源于心理学中的行为主义理论，即研究有机体如何在环境给予的奖励或惩罚的刺激下，逐步形成对刺激的预期，产生能获得最大利益的习惯性行为。其关注点在于，寻找（对未知领域的）探索与（对已有知识的）利用的平衡。

人或动物首先会通过感知自己所处的状态来了解环境。在了解环境的基础上，我们会采取行动，改变自己所处的状态，如果这种改变给我们带来了奖励，我们就会重复；如果带来的是惩罚，后续我们就会回避。在这种机制下，强化学习能够实现快速学习，因为每一个新的反馈（例如采取一个行动并获得奖励）都会立即影响随后的决定。

深度学习和强化学习的结合，使得机器学习的能力大幅度提升。深度学习负责感知，强化学习负责决策，深度学习和强化学习的发展也使得直接从原始数据中提取高水平特征来进行感知决策成为可能。

比如 AlphaGo 就是利用深度学习和强化学习来下棋的。AlphaGo 用深度卷积神经网络（CNN）来训练策略网络和价值网络，先进行策略学习（学习如何下子），再进行价值学习（学习评估局面）。策略学习分为两步：第一步是监督学习，即“打谱”，学习既往的人类棋谱；第二步是强化学习，即“左右互搏”，通过程序的自我博弈来发现提高胜率的策略。

从算法的演化过程中我们可以看到，算法是挖掘数据智能的有效方式，是人工智能背后的推动力量。但其迭代仅仅是机器智能得以快速推进的因素之一。作为推动机器学习的基础，算力的发展对于机器智能化的推进也至关重要。

算力：数据和算法的支撑

谈及机器智能相关的话题时，人们通常会将关注点放在算法和数据上，很少有人会意识到算力的问题。但实际上，算力才是最根本的基础支撑，是先进算法和大数据得以实现完美配合的根本保障。算法对抗“复杂性怪兽”的过程需要算力作为支撑，大数据的产生和加工也与算力设施密不可分。

2021 年 9 月，中国信息通信研究院发布《中国算力发展指数白皮书》，在这份报告中，狭义的算力被定义为“设备通过处理数据，实现特定结果输出的计算能力”，其实现的核心是 CPU、GPU、FPGA 和 ASIC 等各类计算芯片，并由计算机、服务器、高性能计算集群和各类智能终端等承载。算力数值越大，综合计算能力越强，常用的计量单位是每秒执行的浮点数运算次数（Flops）。[一]

[一] 中国信息通信研究院 . 中国算力发展指数白皮书 [R/OL].（2021-09-18）[2022-11-15]. http://www.caict.ac.cn/kxyj/qwfb/bps/202109/P020210918521091309950.pdf.

从古至今，算力也经历了一系列的迭代与发展。我们国家的算盘被视为最早出现的基于人脑的算力载体，是我国劳动人民发明创造的一种简便的计算工具。算盘尽管能够很好地辅助人类开展一些数据运算，但是由于完全依靠人力开展，故而效率比较低。

1642 年，法国数学家布莱兹·帕斯卡（Blaise Pascal）发明了第一台机械式计算器，人力在计算过程中初步得到解放。1820 年，英国机械工程师查尔斯·巴贝奇（Charles Babbage）构想和设计了第一台完全可程序化计算机。1937 ～ 1941 年，美国艾奥瓦州立大学教授阿塔纳索夫（Atanasoff）和他的研究生贝瑞（Berry）开发了世界上第一台电子计算机——阿塔纳索夫 – 贝瑞计算机（Atanasoff-Berry Computer，通常简称 ABC 计算机），其设计中已包含现代计算机中四个最重要的基本概念——电子元件、二进位制、存储器和逻辑运算。

在后续的发展中，依托物理介质的改变，算力效率不断得到提升。

进入移动互联网时代以来，随着算力载体的丰富程度不断提高，从用于架设互联网基础平台的服务器，到用于日常办公及娱乐的手机和计算机，再到改善居住环境与提高健康水平的智能可穿戴设备，算力已经融入人类生活的每个角落，呈现出多样化的发展趋势。

在数据和算法的应用中，算力扮演着重要的支撑角色。

首先，算力是实现高效数据处理的重要支撑。

当我们面对海量数据时，如果没有足够的算力支持，处理这些数据将会非常缓慢甚至无法完成，尤其是在数据的规模越来越大、复杂程度越来越高的大数据时代。算力的提高，可以使数据处理的效率大幅提升，从而更快地得到数据分析结果，帮助人们更快地做出决策，提高生产效率。

具体来说，强大的算力可以对数据进行更复杂的运算和分析，能够通过更多的计算、更复杂的算法，更准确地预测和识别数据背后的模式和规律。比如，在机器学习和深度学习领域，强大的算力可以支持更多、更复杂的神经网络和模型，使机器学习模型的训练和推理更加精确和高效。

此外，在数据的采集和传输过程中，也需要算力的支持。算力还可以支持实时数据分析，这对于很多领域业务的实现都非常重要，比如金融领域的高速交易、物流领域的实时配送等。

同时，算力的提升也能够促进数据挖掘，使数据的价值得到充分的发挥。

其次，算力能促进算法的发展和优化。

算法的应用也需要算力的支持。一方面，算力可以帮助算法更加高效地运行。现代计算机算力的增强，使其能够更快、更准确地运行复杂的算法。在机器学习、人工智能等领域，需要处理和分析大量的数据，复杂的算法可以帮助人们从这些数据中提取有用的信息和知识。算法的复杂性和需要处理的数据量直接影响到对算力的需求。比如，在训练深度神经网络时，需要执行大量的矩阵运算，随着深度神经网络的层数不断增加，所需的计算量也呈指数级增长，只有拥有足够的算力，才能够在合理的时间内完成训练过程。

另一方面，算力的提升也可以帮助算法更加快速地收敛和迭代，从而提高算法的准确性和效率。比如，对于大规模的数据集，使用分布式计算和高性能计算可以大大提升算法的效率和速度，从而更好地解决实际问题。

因此，对数据和算法来说，算力都至关重要。随着计算机技术的不断发展，算力也在不断提升，这将进一步推动数据和算法的应用。

算力是智能技术发展的基础支撑，同时，智能技术的发展也拉动了算力的发展。未来各应用场景内单设备芯片算力的增长和人工智能技术的行业渗透率的进一步提升，将带动对云计算中心、边缘设备和终端的巨大需求。

早在 1961 年，被称为“人工智能之父”的约翰·麦卡锡就提出了一个在当时看来颇为大胆的设想：“有一天，计算可能会被组织成一个公共事业，就像电话系统是一个公共事业一样。”如今，这一设想已经成为现实。算力如同第一次工业革命中的蒸汽机、第二次工业革命中的发电机和内燃机，已成为智能时代的重要生产力，对社会经济发展来说必不可少。

从智能化ABC到“端-边-云-网-智”

从狭义的技术角度看，数据、算法和算力共同构成了智能技术发展的核心要素，是智能化进程得以快速推进的主要动力。从广义的角度看，数据、算法、算力一起构筑了数字经济时代最基本的生存基石，其中数据是新的生产资料，算法是新生产关系，算力是新生产力。

数据、算法和算力构成的金字塔模型类似一个核反应堆，只不过它的成果不是核能，而是智能——一种独属于新IT时代的能源。在智能的基础上，整个智能化过程的核心要素可以概括为一个ABC模型，它们分别是人工智能（AI）、大数据（Big Data）和云计算（Cloud Computing），如图3-3所示。

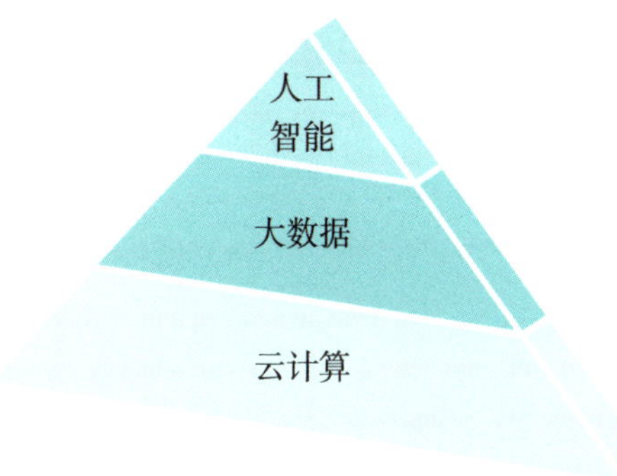

图3-3 智能化过程的核心要素ABC模型

这三个要素是“三位一体”的关系，共同组成了一个独特的 ABC 金字塔：最底层是云计算，代表智能转型的基础设施支撑；中间层是大数据，是智能转型得以加速推进的新型能源；最顶层是通过各种产品呈现的人工智能技术，是智能转型最直接的体现。

在智能化 ABC 模型的基础上，联想提出了支撑智能化变革的“端 – 边 – 云 – 网 – 智”技术架构，如图 3-4 所示。

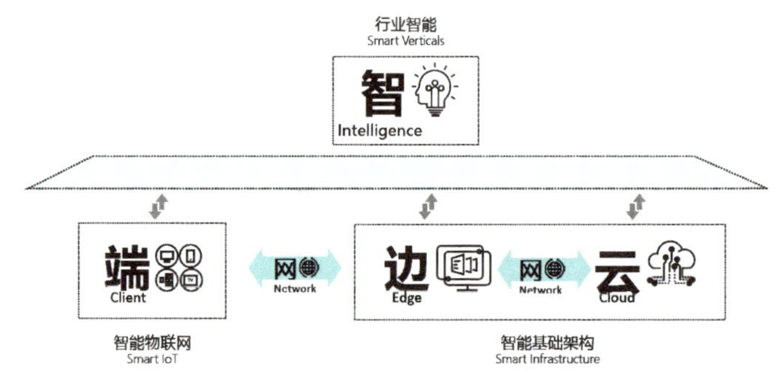

图 3-4 “端 – 边 – 云 – 网 – 智”技术架构

这一架构中包含“端”“边”“云”“网”“智”五个要素，其中，“端”是指各类智能终端，“边”是指边缘计算，“云”是指云计算，“网”是指以 5G 为代表的数据传输网络，“智”是指基于“端”“边”“云”“网”和先进的大数据工具、人工智能算法所达成的各行各业的行业智能解决方案。

在这五个要素中，“端”“边”“云”“网”是构成新 IT 的“积木”。在不同的场景下，这四块“积木”通过不同方式的组合，可以形成不同的“智”——行业智能化解决方案，对各垂直行业实现赋能，促进其智能化转型。

联想董事长兼 CEO 杨元庆在“2021 财新夏季峰会”上描述了这个过程：“‘端’采集和产生的海量数据，与互联网以及企业信息化所积累的数据相结合，就构成了大数据，利用大数据工具进行存储和管理，通过‘边 – 云 – 网’提供的算力，配合以人工智能的先进算法，就能对各行各业的现行机理、决策机制、业务流程加以学习、总结、提炼，从而形成机器智能，形成行业智能。”

在这四块“积木”的支撑下，一幅智能时代的宏伟蓝图正在徐徐展开。

02

NEW
INTELLIGENT
TRANSFORMATION

第二部分

新 IT 的“积木”

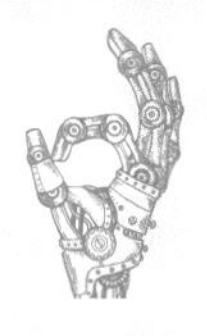

NEW
INTELLIGENT
TRANSFORMATION

| 第 4 章 |

端：越来越聪明的智能终端

从庞大笨重到便于携带，从复杂难用到易于操作，从呆板方正到富有美感，从千篇一律到个性十足，终端正在变成智能终端。未来，随着智能终端的持续进化，我们将走进人与万物智能互联的世界。当身边的各种设备都拥有“智能”后，我们就能更简单快捷地与它们交流，从而让生活变得更简单。几年前，这或许只是一个设想，但现在，这已经一步步变成现实。

终端的前世今生

“端”是新 IT 的“积木”之一，在智能时代发挥着重要的作用。对用户而言，智能终端是融入数字世界、体验智能服务的门户；对企业而言，智能终端是打造全新智能体验、提供智能产品和场景服务化的载体。

那么，新 IT 时代的智能终端究竟是什么？

要探寻这个问题的答案，我们需要追根溯源，从智能终端的本质——终端的进化开始讲起。

1936 年，后来被称为“计算机科学之父”的艾伦·麦席森·图灵（Alan Mathison Turing）发表了一篇论文《论可计算数及其在判定问题中的应用》。在这篇文章中，图灵假设了一种可以实现通用计算的机器，这种机器以布尔代数为基础，可以表示和完成任意的逻辑命题，同时可以按照一定的规则推导出结论。这种假想机器后来被人们称为“图灵机”，现代计算机的计算模型也由此而来，因此，这篇论文也被称为现代计算机原理的开山之作。

在图灵的论文发表一年后，麻省理工学院的在读硕士研究生克劳德·香农撰写了硕士毕业论文《继电器和开关电路的符号分析》。在文章中，香农设计了一种能够实现布尔代数，即用二进制进行运算和逻辑控制的开关逻辑电路。今天，所有的计算机处理器中的运算功能都是由无数个开关逻辑电路搭建出来的，就像用乐高积木搭建出各种复杂的物件一样。因为奠定了计算机的运算逻辑，所以，这篇论文也被誉为有史以来最具水平的硕士论文之一。那年香农才二十出头。

在计算机诞生之前，图灵在理论上解决了计算机的控制问题，香农则在理论上解决了计算机计算本身的问题，他们共同为计算机的诞生和发展奠定了理论基础。

1943 年，为了解决长程火炮的有关计算问题，美国军方委托宾夕法尼亚大学的教授约翰·威廉·莫奇利

（John William Mauchly）和他的学生约翰·埃克特（John Eckert）研制一台电子计算机。这台机器最终于 1946 年建造完成，被命名为“伊尼亚克”（ENIAC），它也是公认的世界上第一台通用计算机。

伊尼亚克的运算速度是每秒 5000 次，虽然远比不上今天智能手机的运算速度，但在当时已经非常快了。据传，在现场观看演示的英国元帅巴顿不禁将其称为“电脑”（Electronic Brain），计算机的这一别称便由此而来。

1945 年 6 月，约翰·冯·诺依曼针对另一台名为“EDVAC”的通用电脑，发表了一份长达 101 页的报告草案，详细总结和说明了 EDVAC 的设计逻辑。在这份报告中，冯·诺依曼提出把程序与硬件分离，将程序编码为数据，与数据一起存放在存储器中的理念。同时，冯·诺伊曼也确定了计算机的五个基本组成部分：运算器、控制器、存储器、输入设备和输出设备。这就是著名的“冯·诺依曼架构”。这一架构一直延续至今，我们今天使用的计算机、手机等终端产品依旧沿用了这一架构。

至此，有关计算终端的理论与基础框架基本搭建完成，后续的终端发展便是在此基础上的不断迭代与优化。

1965 年，戈登·摩尔（Gordon Moore）提出了著名的“摩尔定律”，大胆预测集成电路的数目每年会翻一番。10 年后，他将自己最初的预测修改为每两年翻一番，后来人们将这个时间确定为每 18 个月翻一番。这个趋势持续了半个多世纪，是后来个人计算机和智能手机得以出现，并进入千家万户，甚至普及到每一个个人的基础。

1968 年 8 月，戈登·摩尔、罗伯特·诺伊斯（Robert Noyce）和安迪·格鲁夫（Andy Grove）一起创立了摩尔·诺伊斯电子公司（后又将其改名为英特尔公司），这家公司对个人计算机的普及起到了关键性的作用。随着集成电路的性能不断提升、价格持续下降，一个让计算机便宜到个人可以消费得起的拐点就出现了，从这时起，半导体芯片的影响力将不再局限于计算机行业，而是开始改变整个世界的经济结构。这个拐点出现在 1976 年。

1975 年，斯蒂芬·盖瑞·沃兹尼亚克（Stephen Gary Wozniak）设计并纯手工制作了世界上第一台个人计算机——Apple I，作为沃兹尼亚克好友的史蒂夫·乔布斯（Steve Jobs）提议销售这台计算机，两个人于 1976 年与罗纳德·韦恩（Ron Wayne）合伙成立了苹果公司，个人计算机时代由此拉开了帷幕。

摩尔定律解决了计算机硬件问题，但是没有解决易用性的问题。计算机要普及到个人，还需要相匹配的软件系统。

1980 年，为了尽快推出个人计算机，IBM 公开寻找合适的操作系统。比尔·盖茨敏锐地嗅到了机会，1981 年，他花费 5 万美元从西雅图计算机产品公司买下了一款名为 86-DOS 的磁盘操作系统，在对其进行改进后，把它以“MS-DOS”的名称卖给了 IBM。值得一提的是，比尔·盖茨没有让 IBM 买断 MS-DOS，而是每售出一台装有 MS-DOS 的计算机就收取一笔授权费。后来，随着越来越多的 DOS 兼容机的出现，IBM 成为众多个人计算机硬件制造商之一，而比尔·盖茨则成了“机器背后的人”。

DOS 软件虽然推动了个人计算机的普及，但是尚存在明显的缺陷，因为它需要使用者牢记各种命令字符串，对非专业人士很不友好。计算机易用性问题的彻底解决，要等到用户图形界面这一全新的人机交互界面的出现。

1968 年，美国发明家道格拉斯 · C. 恩格尔巴特（Dr. Douglas C. Engelbart）公开演示了他与同僚共同开发的系统——NLS。在 90 分钟的演示中，道格拉斯先后演示了鼠标、文字编辑器、超链接、文本图形混排等。

这套系统可以显示图形界面，用户可以通过移动鼠标，在整个屏幕上自由选择内容。这样的场景在今天看来再平常不过，但是在 1968 年的时候，这是极具创新性的，并且深刻影响了计算机的发展进程。

施乐公司在 1970 年成立了帕洛阿尔托研究中心（Palo Alto Research Center，PARC），他们从道格拉斯的 NLS 中汲取经验，于 1973 年推出了 Alto 电脑。这款电脑被认为是图形界面操作系统发展史上的里程碑，它拥有视窗和下拉菜单，可以通过鼠标灵活操作，打破了困扰业界已久的人机阻隔，极大提升了操作效率。

在 Alto 电脑发明之后，开发团队中的很多成员都希望将其商业化。这款电脑的屏幕比它之后的苹果电脑屏幕要大，同样配备鼠标和图形界面，如果当时进行商业化的话，前景一定也很可观。遗憾的是，施乐的高层一直拘泥于“产品越大越好”的大公司作风，只想生产复杂且昂贵的机器，对于Alto电脑这款偏个人和家庭的电脑没有太大的兴趣。

1979年，乔布斯进入PARC参观，见到了Alto电脑并观看了相关演示，详细了解了Alto电脑的整套理念，以及完全图形化的界面和用鼠标灵活输入的操控方式。眼前的一切让乔布斯大受震撼，《史蒂夫·乔布斯传》中描述了当时的情景：观看过程中，乔布斯显得异常激动，他不停地踱步，并且反复说道，“你们就坐在一座金矿上啊……施乐竟然没有好好利用这项技术”。[1]此后，乔布斯成为图形界面的忠实信徒，决心开发一系列类似Alto电脑的产品，并将它们推向市场。

乔布斯将自己在施乐的见闻应用到了苹果的下一款电脑Apple Lisa上，这台电脑拥有以图表方式显示文件、文件夹和应用程序的操作界面，还有着下拉菜单栏。Apple Lisa让个人计算机及操作系统的发展扭转到了“正确”的方向上，开创了许多前所未有的图形界面概念，这些概念大都延续至今。

---

[1] 艾萨克森.史蒂夫·乔布斯传[M].管延圻，魏群，余倩，等译.2版.北京：中信出版社，2014.

1985 年，微软推出第一款图形界面产品 Windows 1.0，这款产品跟苹果的操作系统界面极为相似，但是尚有许多不足之处。两年后，微软推出了 Windows 2.0，Windows 2.0 相较 Windows 1.0 加入了更多的功能，是一款相当成熟的图形界面产品。这一时期，此前搭载 MS-DOS 操作系统的电脑已经主导了个人计算机市场，Windows 操作系统的诞生更是让微软如虎添翼。到 20 世纪 90 年代后期，Windows 成功主导了整个计算机工业生态链，微软已经成为个人计算机大战中的赢家，成为一家事实上具有垄断地位的软件帝国。

20 世纪 80 年代，计算机开始逐步进入美国家庭，进而向全世界普及，同时开发操作系统及相关软件产品的微软与生产处理器及相关硬件产品的英特尔这两大帝国也脱颖而出，大家习惯称它们为“ Winter 联盟”。在整个个人计算机时代，用户可以自由选择自己喜欢的计算机品牌，但是无法选择操作系统和处理器，否则就无法实现兼容。

Winter 联盟打破了 IBM 对整个计算机产业的垄断，催生了很多生产兼容机的计算机企业，通过简学易用的 Windows 系统和高性能价格比的 Intel 处理器，计算机的个人化普及速度大幅提升，数字化发展进程也得到了加速推进。

2007 年 1 月 9 日，乔布斯发布了继 Apple I 和 Apple Lisa 之后的另一款划时代产品 iPhone，一个崭新的终端时代由此开启。iPhone 的推出，既革新了手机产业，也革新了整个计算终端产业。

不同于诺基亚推出的智能手机，苹果推出的 iPhone 与其说是一部移动电话，不如说是一个小型计算机终端。自此，世界从摩托罗拉和诺基亚开辟的那个“通信 + 移动计算”的时代，走向了“移动计算 + 通信”的时代。

此后，一边是通信网络从 3G 提升到了 4G，一边是很多手机厂商积极与谷歌推出的 Android 智能手机系统合作，推出了低价智能手机，智能手机快速得到了普及。等到 4G 商用后，通过移动设备上网的通信量很快就超过了通过个人计算机上网的通信量。这意味着，在产品终端上，从个人计算机时代步入了智能手机时代；在互联网发展上，从 PC 互联网时代步入了移动互联网时代。

智能手机的普及，几乎把所有人都拉到了网上，实现了人的在线。在此基础上，终端后续的一个发展方向，自然而然地变成了实现尽可能多的物的在线，打造“物联网”，尽可能赋予所有物理设备计算能力，实现信息化、数字化和智能化。于是，智能终端应运而生。

当前，除了 PC 和手机外，已经出现了智慧大屏电视、车载终端、智能音箱、智能耳机、智能手表和智能眼镜等产品。其实，像电视、音箱、耳机、手表、眼镜等这些产品很早就存在了，只是之前并不具备智能计算功能。就像乔布斯对手机的改造一样，新 IT 对这些传统的硬件产品实施了智能化改造，让它们不再是功能单一的、被动的使用工具，而是变得更加智能化，更方便人们使用。

被不断赋予智慧的智能终端

从庞大笨重到便于携带，从复杂难用到易于操作，从呆板方正到富有美感，从千篇一律到个性十足，终端正在变成智能终端。

从定义上来说，智能终端是搭载了智能操作系统，能够接入网络、实时在线、下载和执行各种专门的应用程序并提供软件服务的各类终端设备，具有较强的多媒体处理能力和人机交互能力。这些设备通过内置的处理器和传感器来实现智能化功能，如人工智能、语音识别、图像识别、虚拟现实等。

与传统终端相比，智能终端的进化主要体现在以下五个方面。

多功能性

智能终端具有多种功能，如通信、娱乐、办公、导航、支付等。用户可以在同一设备上完成多种任务，如打电话、发短信、浏览网页、听音乐、拍照等。这种多功能性让用户可以更加方便地使用设备，提高生产力和提升娱乐体验。

智能化

智能终端最大的特点是智能化，这种智能化主要表现在以下四个方面。

第一，智能终端内置各种传感器和芯片，并且搭载了各种智能化技术，如机器学习、自然语言处理、图像识别等，可以根据用户的需求自主地做出决策，为用户提供更好的使用体验。

第二，智能终端能够运用大数据分析技术，对收集到的用户行为数据、偏好数据、环境数据等进行分析，并将这些数据转化为对用户有用的信息和知识，为用户提供更加智能化的服务。

第三，智能终端中的传感器、芯片、电池、存储、显示器等都具有智能化的特性。比如，智能传感器可以自动识别和收集环境数据，智能芯片可以自动调整频率和电压，以适应不同的应用场景。

第四，智能终端能够根据用户的行为和反馈，不断学习和进化，为用户提供更加精准的服务。比如，智能音箱能够通过用户的问答行为自主学习，优化回答的方式，提高语音交互的质量。

联网能力

智能终端可以连接互联网，从而实现在线服务和应用。用户可以通过智能终端上的应用程序（如搜索引擎、社交网络平台、电子商务平台等）访问互联网，从而更加方便地获取信息和进行交流。而且，智能终端的互联网接入速度很快，能够快速地获取网络资源。

多元化交互

智能终端可以通过多种方式与用户进行交互。传统终端通常只能通过单一的输入输出方式（如通过键盘、鼠标和显示器等）与用户进行交互，智能终端则具有更多元化的交互方式，包括触摸屏、语音、手势、人脸识别、虚拟现实等，可以更加自然地与用户进行交互，提高用户体验。

以智能手机为例，它不仅可以通过触摸屏进行交互，还支持语音助手功能，如 Siri、Alexa 等。用户可以通过语音对其进行控制，实现多种操作，比如发送短信、拨打电话、播放音乐等。此外，智能手机还支持手势识别功能，如双击屏幕点亮、上滑解锁等。这些交互方式的出现使得用户与设备之间的交互更加自然和便捷。

安全性强

安全性是用户对终端的一个基本要求，而且在互联网时代，终端的安全性变得越来越重要。智能终端具备很强的保障用户隐私和信息安全的能力，其安全性主要表现在以下五个方面。

一是数据安全。智能终端通过对数据进行加密和存储安全策略的管理，保障用户数据的安全。

二是网络安全。智能终端通过网络连接到云端服务器或其他设备，进行数据传输和交互，其具备的网络防火墙、反病毒和漏洞检测等安全措施，可以保障网络通信安全。

三是应用安全。智能终端能够检测和识别应用程序的安全性，并限制恶意软件或应用程序的使用。

四是设备安全。智能终端可以通过物理安全措施，如指纹识别、面部识别、密码等来保护设备的安全。

五是管理安全。智能终端可以提供用户身份验证和访问控制等安全措施，防止未授权的访问和操纵。

如今，智能终端已经成为人们日常生活中不可或缺的设备。充满时尚感与设计感的智能终端，已不再是冰冷的工具，而是在被不断赋予智慧。它们集科技驱动、产品创新、消费需求于一身，不仅集成了海量的内容和服务应用，还拥有日益智能的操控和交互方式，并且其进化与场景结合日益紧密，这使其逐渐发展成为人类感官系统的延伸。

说到这里，很多人或许会好奇：智能终端为什么越来越聪明？

其实，智能终端的“智能”源于两方面，一是数据的大量积累，二是不断的自我学习与计算。随着智能终端设备的不断升级迭代，与场景的结合越紧密、给用户的体验服务越极致，其覆盖的用户规模就越大，获取的用户情感和行为数据的规模也就越大。通过这些数据的积累，智能终端得以不断学习，在感知和理解用户需求方面变得越来越敏锐，从而为用户提供更好的体验。如此循环，智能终端就会不断进化，拥有越来越聪明的机器大脑。

智能终端的持续进化

随着新 IT 的深入发展，智能终端仍在持续进化、不断创新，其主要方向分为三种，接下来，我们对其进行简单介绍。

1. 智能传感器

在打造物联网的进程中，大量的新终端不会直接与人产生交互，它们的任务是与各种生产和生活设备结合，充当它们的感知器，搜集不同的环境信息。这些感知器能够自主收集数据，然后反馈给相应的机器设备，让各机器设备在各自的场景下做出判断和交流，并做出决策。

传感器是一种可以将特定物理量（如光、声音、压力、温度、振动、湿度、速度、加速度等）转换为电信号来检测、测量或指示它们的装置。传感器感知并发送信息给执行器，执行器接收信号并设置所需的动作，从而在环境中采取行动。智能传感器则指能够感知、采集并自主判断、分析和处理外界环境信息的智能化传感器件。[1]

传统的传感器以数据收集为主，本身不具备信号处理和组网功能，须连接到特定的仪表才能完成信号的处理和传输。而智能传感器能在内部实现对原始数据的加工处理，并且可以通过标准的接口与外界实现数据交换，还

[1] 顾正书. 面向物联网应用的十大智能传感器技术趋势 [Z/OL].（2021-11-14）[2022-11-15]. https://www.eet-china.com/news/2021111513299.html.

可以根据实际需要，通过软件控制改变传感器的工作。简而言之，随着智能时代的到来，传感器不再仅仅能够“感知”，它们也开始“思考”了。

智能传感器集传感器、通信模块、微处理器、驱动与接口，以及软件算法于一体，功能包括信号感知、信号处理、数据验证和解释、信号传输和转换等，具有自学习、自诊断和自补偿能力，以及感知融合和灵活的通信能力。[1]

相较于传统传感器，智能传感器有以下几个优点。

一是数据处理能力更强。智能传感器通常内置有处理器和存储器等元件，能够对感测到的数据进行处理和分析，从而得到更加精确的结果，提高了传感器精度。

二是可编程性更高。智能传感器通常可以通过软件进行编程，能够根据需求进行配置和调整，因此能针对具体的应用场景进行定制，提高了灵活性和可适应性。

---

[1] 顾正书 . 面向物联网应用的十大智能传感器技术趋势 [Z/OL].（2021-11-14）[2022-11-15]. https://www.eet-china.com/news/2021111513299.html.

三是功耗更低。智能传感器通常采用低功耗技术，能够在长时间内保持运行状态，降低了能耗和维护成本。

四是功能更加多样。智能传感器通常集成了多种传感器技术，可以同时监测多种物理量或化学量的变化。此外，智能传感器还能够实现更加复杂的功能，如位置定位、姿态识别等。

五是通信能力更强。智能传感器通常内置各种通信接口，能够与其他智能设备或网络进行通信，实现数据共享和协同工作。

六是故障诊断更方便。智能传感器通常内置自诊断功能，能够及时发现故障并提供诊断信息，降低了故障排除的成本。

七是具有更高的可靠性和稳定性。智能传感器通常具有更强的抗干扰能力，能够在复杂的环境中工作，并且具有更长的使用寿命。

总的来说，智能传感器具有更高的智能水平和更强的互联能力，能够提高数据采集和处理的效率和精度，为各种应用场景带来更多的价值。

常见的智能传感器有很多种，其中占比最大的是 MEMS 传感器和 CMOS 图像传感器。

MEMS 的全称是微电子机械系统（Micro Electro Mechanical System），指尺寸为毫米量级甚至更小的高科技装置，其内部结构尺寸一般为微米量级甚至纳米量级，是一个独立的智能系统。MEMS 传感器是采用微电子和微机械加工等技术制造出来的新型传感器。

MEMS 技术建基于已经相当成熟的微电子技术、集成电路技术及其加工工艺。用 MEMS 工艺制造传感器、执行器或者微结构，具有微型化、集成化、智能化、成本低、效能高、可大批量生产等特点。

微米量级的特征尺寸使 MEMS 传感器可以实现某些传统机械传感器所不能实现的功能。MEMS 传感器现在是微型传感器的主力军，正在逐渐取代传统机械传感器，普遍应用于消费电子产品、汽车工业、航空航天、机械、化工及医药等领域。常见产品有 MEMS 压力传感器、MEMS 加速度计、MEMS 陀螺仪、静电致动光投影显示器、DNA 扩增微系统和催化传感器等。

MEMS 传感器产业作为国际竞争战略的重要标志性产业，因技术含量高、市场前景广阔等特点而备受世界各国关注。近十年来，我国 MEMS 传感器产业生态系统也在逐步完善，从研发、设计、代工、封测到应用，完整产业链基本形成，国家对 MEMS 传感器产业也给予了前所未有的政策支持。我国 MEMS 传感器产业发展面临着重大的机遇，特别是新 IT 引导的智能化转型过程，将对 MEMS 传感器产业产生深远的影响，并将催生大量新产品和新应用，带动 MEMS 传感器产品在日常生活及工业生产中的普及。

CMOS 是 Complementary Metal Oxide Semiconductor 的缩写，意为互补型金属 – 氧化物 – 半导体，通常指计算机系统中的一种重要芯片，制造技术同常规的计算机芯片没有太大的差别，也是由硅和锗这两种材料制成的。

将 CMOS 技术应用于传感器的制造，就出现了 CMOS 图像传感器。CMOS 图像传感器由大量的光电二极管和信号处理电路组成，用于将光线转换为数字图像信号。与传统的 CCD（电荷耦合器件）图像传感器相比，CMOS 图像传感器有很多优点，其中最重要的一点是功耗更低。CMOS 图像传感器的电路结构更加简单，由于仅在需要时才会有电流流动，因此功耗较低，有助于延长设备的电池寿命。

相对于 CCD 图像传感器，CMOS 图像传感器的另一个优势是，具有更灵活的设计。由于每个像素上的信号处理电路是独立的，因此可以更容易地改变电路的配置，实现各种不同的功能，如扩大动态范围、降低噪声等。这种灵活性也使得 CMOS 传感器在不同的应用领域都能够满足各种不同的需求。此外，CMOS 图像传感器还有集成度更高、帧速率更高等优点。

作为一种高性能的图像传感器，CMOS 图像传感器已经在各个领域得到了广泛的应用。比如，CMOS 图像传感器是数码相机、智能手机、平板电脑的核心组件之一，能够快速且准确地捕捉图像，并提供高质量的视频和照片。CMOS 图像传感器在汽车电子系统中的应用越来越广泛，汽车的安全系统、自动驾驶系统和倒车影像系统等中都有 CMOS 图像传感器的身影。CMOS 图像传感器也被广泛应用于医疗影像系统（例如数字 X 射线成像和磁共振成像（MRI）等）中。此外，CMOS 图像传感器在工业检测和控制、安防监控领域也发挥着重要作用。未来，随着技术的不断进步和应用需求的不断增长，CMOS 图像传感器的应用前景将会更加广阔。

在智能时代，智能传感器扮演着至关重要的角色，其应用范围涵盖了各个领域，为人们的工作和生活带来了更高效、更智能、更安全的体验。

2.“屏宇宙”与“形而上屏”

对于那些需要与人进行较多交互的产品，则需要建立多种交互入口。其中一个方式是，尽可能在我们的日常生活场景中布置更多的屏幕，让我们处在一个“屏宇宙”中。比如家里的墙面、桌面、电饭煲、电冰箱、洗衣机等，上面都可以布置屏幕，这些屏幕与手机、电脑享有相同的操作系统，使得云端的内容可以顺畅地流转于不同的终端之间。

我们可以想象这样的场景：清晨，我们在床上一睁眼，便能看到由巨大屏幕制成的天花板，为我们呈现能够唤起愉悦心情的图景；走入客厅后，我们的桌子也是一块巨大的屏幕，这块屏幕可以同步我们云端的内容，我们可以直接在其上操作，处理一些工作；四周的墙壁也是屏幕，我们可以借此开展远程会议和其他高度拟真的交互活动。

冰箱上的显示屏显示着冰箱里的物品及保质期，提醒你尽快食用；电饭煲上的显示屏能够显示可蒸多少米饭、水量是否合适等；微波炉上的显示屏也可以根据对应的食物给出加热提醒。此外，这些设备还可以根据用户的综合数据，给出最合适的饮食建议。

通过无处不在的屏幕、互联互通的信息以及独一无二的个人账号，我们可以轻松实现线上与线下的融合。

当然，这一美好畅想需要一定的技术条件作为支撑。“屏宇宙”的实现需要满足三个基本的前提条件：5G通信技术、物联网技术、统一的操作系统。5G通信技术超可靠的低时延特性能够保证远程交互和信息在不同载体间的流畅切换，保证沉浸感，5G通信技术的超高速、海量连接的特性，能使大量分散的终端产生的海量数据被及时处理。物联网技术方面的重点在于，解决终端的嵌入式技术问题，从而低成本地铺设屏幕与电路，实现传感器和系统技术的边缘计算。操作系统方面的重点在于，解决同一账号和不同载体间信息互通的问题，华为鸿蒙系统便是这种前景的雏形。

实现“屏宇宙”的关键，是要在各种具体的实体屏幕之上构筑“形而上屏”，其本质是一套没有使用痛点，可以流转于各设备或屏幕间的全场景融合操作系统。它是各种不同尺寸、不同形式屏幕的“灵魂”，各种实体屏幕则是“形而上屏”在不同场景下的显现。理想的“形而上屏”可以结合实体屏幕的大小以及用户的使用习惯，在特定的场景下展示最为契合用户当时情境需要的信息。

在某种程度上，可以说在“形而上屏”理念基础上构筑的“屏宇宙”是接续手机的下一步，也是从真正意义上开启元宇宙的第一步。相比于元宇宙其他的相关概念，推进屏幕的铺设，扩大屏幕在我们生活中的覆盖面，提前布局全场景分布式操作系统，是科技企业最为务实，也是最容易产生价值的下一步举措。

3. XR

智能终端还有一个发展方向——虚拟现实（Virtual Reality，VR）。随着万物联网的推进，线上与线下的界限变得越来越模糊，人们对线上体验的要求也越来越高。在一些场景中，人们将不再满足于隔着一块屏幕去体验虚拟场景，我们期待身临其境的感觉，像在现实场景中一样地在虚拟场景中游走和玩耍。

我们将虚拟现实等技术统称为 XR（Extended Reality，扩展现实），这是一个很丰富的概念，涵盖了虚拟现实、增强现实（Augmented Reality，AR）以及混合现实（Mixed Reality，MR）。整体而言，XR 技术期望实现网络从二维平面向三维空间的进化，实现比特世界和原子世界的融合交互。

其中，VR 产品致力于打造一个能够让用户完全沉浸其中的虚拟世界，AR 产品致力于将虚拟的三维立体影像叠加到现实世界中，MR 则是 VR 与 AR 的合成品。

VR 的概念由来已久。对虚拟世界的描述最早出现在 1935 年的一篇短篇小说《皮格马利翁的眼镜》中。后来，美国计算机科学家伊万·萨瑟兰（Ivan Sutherland）提出可以利用计算机图形、音频、导航、交互等的叠加，为用户创造一个完全沉浸的虚拟世界，这为后续 VR 的发展奠定了理论基础。1968 年，萨瑟兰和他的学生设计出了全球第一个头戴式虚拟现实设备，但由于比较复杂和笨重，无法推广普及。尽管在 20 世纪 90 年代一些公司就试水推出了

VR 眼镜，但 VR 市场真正爆发的标志是 2014 年脸书买下初创公司 Oculus，该事件也点燃了国内 VR 行业的发展热情。

尽管已经发展了很多年，但是目前 VR 的硬件质量整体仍不高，用户体验不好，眩晕感强烈，大家都想做平台，但是缺乏内容，总之，VR 行业还有很多需要弥补的短板。未来，VR 要从各个方面改善用户体验，包括革新硬件（解决电池、晕眩、重量问题）、丰富内容、开发杀手级应用、创造需求、寻找应用场景等。

VR 的突破还要从重新定义产品开始。现阶段的 VR 产品主要是眼镜，但是完整的 VR 产品应该是一整套组合设备，包括眼镜、耳机、手套、紧身衣等，从而可以从多维度提供刺激，让用户沉浸在高度虚拟的环境中，拥有身临其境的体验。VR 不同于任何既往的设备，它要创造的是一种全新的体验，可以让人在一定的时间里，沉浸在一个封闭环境中，流连忘返。所以，VR 产品的制造不应该按照类似手机这样的移动产品的思路，而应该按照像电视这样的家居娱乐产品的思路。

同 VR 眼镜一样，AR 眼镜也是伊万 · 萨瑟兰提出的

“电脑的显示屏是观看虚拟世界的一个窗口”这一构想的产物。与 VR 头显所营造出的沉浸感有所不同，理想的 AR 眼镜产品应该能够将虚拟的三维立体影像叠加到现实世界中。这给网络基础设施、显示技术、交互技术等带来了更大的挑战。

AR 眼镜在现实中真正落地的标志，是 2012 年谷歌眼镜的推出。该产品包括眼镜、前方的摄像头、右侧的处理器和触控板。在概念视频中，谷歌眼镜可以实现导航、拍照、发信息、打电话等功能，语音操纵丝滑流畅，屏幕展示清晰简洁。但是，在实际应用中，谷歌眼镜的屏幕成像效果并不理想，可视区域很小，续航短且发热严重，应用生态不完善，一些功能的实现还需手机配合。同时，其 1500 美元的定价也让消费者望而却步。初代谷歌眼镜实质上是微型投影仪、摄像头、传感器和操控设备的结合体，更像是把一台手机的屏幕缩小放置于眼前。2015 年，谷歌宣布停产这款产品。

谷歌眼镜宣布停产的同一年，微软推出了一款名为 Hololens 的 MR 头显产品，目前已经更新到第二代。Hololens 2 搭载基于 Windows 10 系统全新打造的操作系统 Windows Holographic，可以将图像投射到空中和周围物体上，用手势、语音均可操控。Hololens 2 一开始仅面向开发者发售，然后逐步面向企业级市场、消费者开放。在产品落地的过程中，面对客户亟须解决的痛点，能沉淀出一些标准化的应用，客户的反馈也可以为下一次迭代做指引。

尽管 XR 相关的产品已经出现，但是在功能上还极不完善，体验都不够好，也没有太大的实用价值。这些产品的推进，仅仅依靠设计和制造这些具体产品的公司是不够的，还需要网络设施、显示技术、交互技术等各个领域的支持。要完成一个成熟的消费级产品还有太多门槛要跨越，涉及光学显示方案、电池、算力、计算机视觉技术、交互方式、硬件工程、内容生态……这并不是单独的公司可以完成的任务，需要整个行业的共同努力。

未来，随着智能终端的持续进化，我们将走进人与万物智能互联的世界，当身边的各种设备都拥有“智能”后，我们就能更简单快捷地与它们交流，从而让生活变得更简单。几年前，这或许只是一个设想，但现在，这已经一步步变成现实。

NEW
INTELLIGENT
TRANSFORMATION

| 第 5 章 |

边：重塑计算范式的边缘计算

以 5G 为代表的新一代通信技术打破了带宽和容量对物联网的制约，让万物联网得以走向现实。与此同时，物联网的发展催生了大量的智能终端，呈指数级增长的物联网设备连接数量引发了更大规模的数据洪流。于是，边缘计算便产生了，它重塑了计算范式，让计算变得无处不在。

因需而生的边缘计算

新 IT 引领的新一轮技术变革有一个显著的特点，就是将“物”纳入网络，并用智能技术为其赋能。以 5G 为代表的新一代通信技术打破了带宽和容量对物联网的制约，让万物联网得以走向现实。与此同时，物联网的发展催生了大量的智能终端，呈指数级增长的物联网设备连接数量引发了更大规模的数据洪流。

日新月异的普适化智能终端、泛在化网络技术以及新型的网络应用和服务，给以集中式计算和存储为根本特性的云计算模式带来了一系列的挑战。

高可靠性、低延迟计算能力的需求

海量终端设备是数据收集的第一站，传统的“云 -

管 – 端”[1]架构需要将大量终端设备采集到的数据通过网络传输到云计算中心去处理，在这个过程中，洪流般的大数据的传输、分析、处理和存储给网络宽带带来了巨大挑战，会导致数据处理不及时，甚至造成系统事故。这些问题在无人驾驶、工业互联网和虚拟现实等对可靠性和实时性要求比较高的应用场景中最为明显。

数据中心能耗过大

云计算和超算需要依托计算中心和数据中心，过于集中的资源会消耗大量的电力，但是在“云 – 管 – 端”结构中，计算资源的利用率并不高，造成了计算资源和电力资源的极大浪费。

大数据处理的压力

终端设备的指数级增长会加剧数据量的喷发，如果大数据处理方法依旧依赖云计算和超算模型，那么这种过于集中的处理方式将会在收集、汇聚和处理环节产生大量的

---

[1] “云 – 管 – 端”是物联网的一种架构，其中，“云”是指云服务提供商为终端用户提供的计算机基础设施服务；“端”是指终端，手机、平板电脑、数字电视等能够上网的移动终端设备统称为“端”；从“云”到“端”之间都可统称为管道，简称为“管”。

成本，而且效率也得不到保证。与此同时，很多终端的处理任务其实没有必要传输到云计算中心进行集中处理，可以让前端进行预处理，这样就能减少不必要的传输和存储等资源的消耗。

云计算资源的利用率低

企业对 IT 基础设施的需求受到诸如时间段、应用场景和地理区域等多种因素的制约，特别是在私有云环境下，很多时间段和应用场景下的计算资源是被浪费的。因此，要想办法避免大量资源的过分集中，减少数据中心的资金投入，把处理设备部署到网络的边缘，发挥集中式和分散式计算的双重优势。

安全隐私问题

数据安全和个人隐私问题是目前数据中心面临的一大挑战。在数字革命如火如荼推进的同时，数据泄露事故和黑客攻击事件等的频发给企业和个人的信息安全带来了严峻的考验。在“云 – 管 – 端”架构中，将一些隐私数据上传到数据中心，会大大增加信息泄露的风险。

智能前端的发展诉求

随着人工智能技术的发展，很多智能终端设备自身就可以完成部分甚至全部的数据处理任务，无须立刻传输到云端进行处理，而是应该在有进一步处理需求时，再进行数据的传输。

为了应对上述问题，学术界和产业界从 2011 年开始就对后云计算时代网络计算模式进行了思考与探索。针对不同的应用场景，很多人提出了不同的解决方案。尽管各个方案所考虑的技术和应用的出发点存在差异，但是它们的基础思想和核心理念基本是一致的，都是试图将云计算中心的设备部署在物理上或逻辑上距离终端较近的基础设施上，从而利用这些比较近的基础设施所拥有的计算和存储资源来完成终端想要完成的计算、存储等任务。

边缘计算产业联盟（ECC）在 2017 年发布的《边缘计算参考架构 1.0》中对边缘计算给出了一个清晰的定义："边缘计算是在靠近物或数据源头的网络边缘侧，融合网络、计算、存储、应用核心能力的开放平台，就近提供边缘智能服务，满足行业数字化在敏捷连接、实时业务、数据优化、应用智能、安全与隐私保护等方面的关键需求。"

边缘计算是云、管、端之外的一种新增要素，某种程度上相当于云的一个派驻机构。就像古代皇帝在远离中心的地方设立的一些派驻机构一样，这些机构可以代替皇帝执行一些任务。边缘计算介乎云与端之间，不是端，但是有端的一些属性，也不是云，但具备云的某些特点。有了边缘计算后，很多数据无须再经由连接云和端的大管道进行长距传输，边缘计算设备与终端设备之间会通过很多分支性管道连接，并直接进行交互。

边缘计算的出现符合计算模式的演变逻辑。最初的计算模式为大型主机模式，计算和存储等任务都通过主机直接完成，终端设备仅负责输入和输出的交互任务。因此，大型主机模式本质上是一种集中式的计算模式。随着计算机的小型化和普及化，计算模式从大型主机模式变成了 PC 计算模式。不同于大型主机模式，PC 计算模式中的计算和存储等任务可以分散在不同的 PC 上完成。由于不同的 PC 之间是相互独立的，所以 PC 计算模式实质上是一种分散式的计算模式。

随着网络技术的兴起和发展，网络计算成为可能，云计算的理念就是在这一基础上提出的。云计算的基本特征是通过集中式的数据中心来处理原本分散在很多 PC 上的计算和存储任务，本质上延续了大型主机模式的集中式处理特点，可以看作集中式计算模式的一种螺旋式的历史轮回。而现在边缘计算的发展，可以看作从集中式向分散式计算模式的又一次演变。

集中式计算模式和分散式计算模式都有各自的独特优势，在不同的技术条件下，由于应用场景需求的变化和技术发展的不同特点，它们会获得不同程度的主导地位。

在以云计算为主导的语境下，边缘计算是对云计算的一种补充，是为了缓解云计算中心的压力、解决时延问题，在端侧布置的一个反应系统。但是边缘计算不仅仅是一种技术，更是一种独特的思维方式，在很多领域完全可以通过枝节性产品分担核心产品的负担，以达到降本增效的目的。比如手机这样的终端产品，也可以视为一个简单的“云 – 管 – 端”系统，其中 CPU 和 GPU 这样的通用芯片就类似云计算中心，而手机的各个功能则可以看作不同的应用终端。现在已经有很多公司针对手机的影像功能和电力系统开发有针对性的芯片，一方面可以分担通用芯片的算力，另一方面可以优化相关功能的表现。这本质上也是一种边缘计算的思维方式。

边缘计算的本质，是让原本集中且距离终端较远的数据中心延伸到距离终端较近的网络边缘。就具体的技术实现而言，网络边缘不仅可以是边缘路由器、通信基站和通信服务器等，也可以是专门部署的服务器或者小型数据中心，甚至还可以是其他有空闲资源的终端设备。显然，边缘计算与云计算并非迥然不同，而是云计算由集中式处理模式向分散式和小型集中模式的一种自然延伸。

在“云 – 端”结构中，所有的计算和存储操作都在云计算数据中心进行，终端只向云端发出请求并接受和展示处理结果。在技术和存储的执行顺序上，所有任务都需要在集中的云计算数据中心进行处理，从云计算中心获得处理结果后，终端设备才能开始执行接下来的任务，这是一种串行执行顺序。

边缘计算是在云计算中心和终端设备之间扩展了一层甚至多层计算中心或服务器，将云计算的两层架构延伸到了三层甚至多层，这些中间层的边缘计算中心或服务器可以根据需要采用不同的结构或者规模，来实现不同的功能。按照边缘计算产业联盟和工业互联网产业联盟（AII）

提出的边缘计算参考架构，整个系统分为云、边缘和现场设备三层，边缘计算位于云和现场设备层之间，边缘层向下支持各种现场设备的接入，向上可以与云端对接。㊀

现场设备层

现场设备层连接传感器、执行器、设备、控制系统等现场节点。这些现场节点通过各种类型的现场网络和工业总线，与边缘层中的边缘网关等设备相连接，可以实现现场设备层和边缘层之间数据流和控制流的连通。边缘网关等设备在其中充当现场节点彼此连接以及连接到广域网络的桥梁。

边缘层

边缘层是边缘计算三层架构的核心，它接收、处理和转发来自现场设备层的数据流，提供智能感知、安全隐私保护、数据分析、智能计算、过程优化和实施控制等时间敏感服务。边缘层包括边缘节点和边缘管理器两个主要部

㊀ 边缘计算产业联盟（ECC）与工业互联网产业联盟（AII）. 边缘计算参考架构 3.0（2018 年）[R/OL].（2018-11-01）. [2022-11-15].http://www.ecconsortium.org/Lists/show/id/334.html.

分。边缘节点是硬件实体，一般具有计算、网络和存储资源，是承载边缘计算业务的核心。边缘管理器的呈现核心是软件，主要功能是对边缘节点进行统一管理。

云层

云层提供决策支持系统，以及智能化生产、网络化协同、服务化延伸和个性化定制等特定领域的应用服务程序，并为最终用户提供接口。云层从边缘层接收数据流，并向边缘层以及通过边缘层向现场设备层发出控制信息，在全局范围内对资源调度和现场生产过程进行优化。

边缘计算重塑了计算范式，其价值主要体现在五个方面，可以概括为“CROSS”，分别是连接的海量与异构（Connection）、业务的实时性（Real-time）、数据的优化（Optimization）、应用的智能性（Smart）、安全与隐私保护（Security）。

连接的海量与异构是指，通过边缘计算可以实现对越来越多的终端设备的有效接入和管理，同时实现工业现场多种连接方式的兼容，并且确保连接的实时可靠。业务的实时性是指，通过边缘计算可以满足一些对实时性要求高的业务。数据的优化是指，通过边缘技术可以对工业现场大量的多样化异构数据进行优化，实现数据聚合、数据统一呈现与开放等。应用的智能性是指，边缘计算有助于推动业务流程优化、运维自动化与业务创新驱动应用走向智能。安全与隐私保护是指，边缘计算由于更贴近物联网设备，可以减少数据在“云–端”之间的长距离传输，从而减少隐患，与此同时，边缘计算也会在边缘侧引入相应的安全技术来保护相关的数据信息。

如今，边缘计算已经成为新 IT 的支撑技术，在企业的数字化、智能化转型中发挥着越来越重要的作用。

隶属于中信泰富特钢集团的青岛特殊钢铁有限公司（以下简称青岛特钢）是国家工信部认证的首批“绿色钢厂”，青岛特钢响应国家政策对钢铁行业提升智能化水平、绿色低碳发展的要求，力求通过技术创新来塑造长期价值。

以青岛特钢对其高速线材产线的改造为例。传统方法往往依靠人工对异常工况进行观察和处置，在产线上布置若干控制室，每个控制室安排两到三个员工对相应工段进行巡检。但是这种方法存在着诸多的问题，而且也越来越不适应现代化生产。首先，一些巡检位置是工人无法识别的，比如对加热炉中钢坯的位置状态是否正常，工人无法进行有效检测。其次，人工巡检也存在检测精度不足的问题，处于高速运动状态的高速线材最高速度超过 100m/s，人工观察和处置经常会发生误判，影响生产进度。最后，巡检工人需要长时间保持精神高度集中，为解决人力易疲劳的问题，青岛特钢对控制室的巡检工作实行倒班制，由此带来了较高的人力成本。为了解决上述问题，青岛特钢与联想合作，希望构建一套集中式的控制系统，借助人工智能、大数据等数字化手段提高对异常工况识别的准确率，利用自动化的全时系统降低人力成本。

通过对青岛特钢高速线材生产线的了解，结合自己在制造业积累的经验，联想为青岛特钢提供了一套智慧眼系统，运用智能算法对异常工况进行识别。该方案在关键点位架设图像采集设备，为多条高速线材产线部署了多个边缘计算机，通过边缘计算机对数据进行快速处理。基于计算机视觉技术的人工智能算法可以对设备、环境以及工艺过程是否发生异常进行识别和预警，一旦发生异常，就能及时上报给管理系统，然后由管理系统对生产设备进行控制与处置，大大提高了实际生产中异常识别的准确率和及时性。同时，该方案还部署了云服务器，对边缘计算机进行管理，借助青岛特钢的网络，将边缘收集的数据上传云端，接入大屏幕进行可视化展示。

这一方案帮助青岛特钢减少了生产事故，提升了生产管理水平，降低了人工成本；同时，为青岛特钢打造“双碳”绿色工厂与数字孪生智慧工厂提供了重要支撑。

从联想和青岛特钢的合作案例中，我们可以清晰地看到边缘计算的价值。

边云协同

说到边缘计算，就不得不提及云计算。很多人认为边缘计算与云计算是对立的，其实，这是一种误区。两种计算模式各有所长，云计算擅长全局性、非实时和长周期的大数据处理与分析，能够在长周期维护、业务决策支撑等领域发挥优势；边缘计算则适用于局部性、实时、短周期的数据处理与分析，能够更好地支撑本地业务的实时智能化决策与执行。因此，我们不能脱离云计算来讨论边缘计算，边缘计算的应用价值是通过边云协同来体现的。

我们可以用章鱼来形容边缘计算和云计算的关系。章鱼有着巨量的神经元，其中的 60% 分布在它们的触手上，脑部的神经元数量仅占 40%。这种分布使得章鱼在行动时异常灵巧迅速，各部分之间的配合极好。

就像章鱼的触手一样，边缘计算将计算资源和存储资源放置在更接近数据源的地方，可以更快速地响应数据请求，提高数据处理效率，从而能够满足一些对实时性要求较高的应用场景。云计算则类似章鱼的头部，提供了强大的计算和存储资源，能够处理大规模的数据并提供高效的分析和应用，适用于对数据处理和存储要求较高的应用场景。

由此可见，边缘计算和云计算在不同的场景中具有不同的优势和应用价值，它们可以互相补充和协同工作。

边云协同实现的关键是将任务合理地分配到边缘设备和云端进行处理，同时保证数据传输的安全性和效率。以下是边云协同的主要实现方式。

采取任务分配策略

根据任务的性质、实时性、难度等因素，可以将任务分配到边缘设备或云端进行处理。对于实时性要求较高、数据量较小的任务，可以直接分配到边缘设备上进行处理，减少数据传输的延迟；对于数据量较大、计算难度较高的任务，则可以分配到云端进行处理。

提高边缘设备的计算能力和存储能力

边缘设备的处理能力和存储容量较为有限，需要通过算法优化和资源管理来提高边缘设备的计算能力和存储能力。例如，采用基于深度学习的模型压缩算法，可以在保证模型精度的前提下，减小模型的体积，从而减小边缘设备的计算压力。

采用通信协议

边缘设备和云端之间的通信需要采用可靠、安全的协议，保证数据传输的可靠性和安全性。例如，可以采用 HTTPS 等加密协议来保证数据传输的安全性。

分类进行数据处理和存储

对于数据的处理和存储，可以根据数据的性质、规模和安全要求等因素，将数据分配到边缘设备或云端进行处理和存储。例如，对于实时的视频流数据，可以采用边缘设备来进行实时的处理和分析；对于历史的数据分析，可以上传到计算能力更强、存储容量更大的云端来进行处理和存储。

通过以上方式的协同配合，可以实现边缘设备和云端的优势互补，其作用主要体现在以下几个方面。

一是提高应用的性能和稳定性。边云协同能够将应用的计算和数据处理任务分配到边缘设备或云端中，从而有效地提高应用的性能和响应速度。边缘设备可以进行本地的计算和数据处理，而云端可以提供更多的计算和存储资源，从而实现计算和数据处理的分布式协同，提高应用的性能和稳定性。

二是降低能耗成本。将计算和数据处理任务下放到边缘设备上，可以减少数据的传输和存储，从而降低网络和存储的能耗成本。同时，边缘设备本身的能耗也相对较低，比云端更加节能。

三是提高数据安全性。通过在边缘设备和云端之间建立加密通信通道，以及对数据进行加密和匿名化处理，边云协同可以有效地保障数据的安全性。此外，将计算和数据处理任务下放到边缘设备上，可以避免数据在传输过程中被窃取或修改。

四是支持本地决策。边缘设备可以进行本地的计算和数据处理，也就是能够在没有网络连接的情况下对数据进行分析和处理，并根据处理结果进行本地决策。这可以有效地避免延迟和网络问题对决策的影响。

五是实现更加智能化的应用和服务。通过将边缘设备和云端的计算和存储资源相结合，可以实现更加智能化的应用和服务，如物联网、人工智能、自动驾驶等。

未来，随着物联网、人工智能等技术的快速发展，边缘计算和云计算的协同应用将会更加重要和广泛。同时，随着边缘设备的计算和存储能力不断提高，边缘计算将会发挥更大的作用。

边云协同的应用场景

边云协同最大化地发挥了云计算与边缘计算的应用价值，其应用场景十分广泛，涵盖了多个行业和领域。

1. 边云协同加速工业制造领域的数字化进程

边云协同对工业制造领域有着巨大的影响。在传统的工业制造过程中，生产设备通常是孤立的、不协调的，缺乏互联互通的能力，这导致生产线上的信息无法共享和协同，难以进行实时的生产管理和控制。而边云协同技术的应用可以实现设备之间的互联互通和数据的实时共享，从而提高生产线的管理效率和生产效率。

具体而言，边云协同可以在以下方面对工业制造领域产生影响。

第一，边云协同可以实现生产设备的实时监控和管理，包括设备的状态监测、数据的采集和处理、故障预警和维护管理等方面。这有助于提高生产设备的利用率，减少设备故障和停机时间，从而降低生产成本。

第二，边云协同可以实现生产过程的优化和协同，包括设备之间的协调和信息的共享，从而提高生产线的效率和生产质量。

第三，边云协同可以实现生产线的智能化管理，包括智能生产计划、智能调度和智能维护等方面。这有助于提高生产线的自动化水平和管理效率，减少人为的干预和错误，从而降低生产成本和提高生产效率。

第四，边云协同可以实现生产数据的分析和应用，包括大数据分析和人工智能应用等方面。这有助于提高生产线的预测能力和决策水平，从而降低生产成本和提高生产效率。

第五，保障工业安全。通过在工业生产过程中布置传感器和监控设备，可以实现安全生产数据的实时监测和预测，保障工业生产的安全性和可靠性。

总的来说，边云协同可以为工业制造领域带来很多好处，增强企业的竞争力和可持续发展能力。

2. 边云协同让农业更加智能化

在农业领域，边云协同也发挥着重要作用，它让农业更加智能化、网络化、数字化。边云协同对农业的影响主要体现在以下几个方面。

一是精准农业。通过在农田内部和外部布置传感器，收集土壤湿度、温度、光照等数据，再通过边缘计算和云计算对这些数据进行分析处理，然后将结果实时反馈给农民，帮助其调整种植方案、灌溉方案、施肥方案等，可以为农业生产提供精细化管理和决策支持。

二是农机智能化。利用边缘设备和云计算技术，可以对农机进行智能化改造，提高农机的自动化程度和工作效率。比如，在农收时，边缘设备可以通过机器视觉技术实现自动控制，实现作物的自动化收割。

三是农产品供应链管理。通过在农产品生产、加工、储存、运输、销售等环节布置传感器，实现对农产品全生命周期的跟踪和监控，再通过边缘计算和云计算进行数据分析，可以提高供应链效率和产品质量。

四是农产品质量溯源。通过物联网技术和云计算技术，可以对农产品的生长过程、采摘、包装、运输等信息进行记录和追溯，从而保证食品安全和质量。

边云协同在农业领域的应用还有很多，在很大程度上帮助农民提高了生产效率和农产品质量，促进了农业的可持续发展。

3. 边云协同促进企业管理的变革

边云协同可以促进企业的数字化转型，提高企业的运营效率和质量，降低生产成本和人工成本，加强企业的管理控制和决策支持能力。

第一，边云协同可以实现企业内部各种数据的实时采集、分析和处理，从而使企业的运营过程更加智能化、自动化和高效化。比如，在生产过程中，边云协同可以通过传感器等，实时监测机器设备的状态和运行情况，进行故障诊断和预测维护，从而保证生产线的正常运行，提高生产效率和质量。

第二，边云协同可以实现企业内外部各种数据的互联互通和共享，从而促进企业的协同合作和知识管理。比如，在供应链管理中，边云协同可以实现不同供应商、生产商和客户之间的数据共享和信息交流，提高供应链的可视化和透明度，减少库存和物流成本，有利于供应链的风险控制和协同决策。

第三，边云协同可以实现企业的智能化决策支持和风险管理，从而提高企业的管理水平和竞争力。比如，在营销和销售管理中，边云协同可以通过智能数据分析和挖掘技术，了解客户需求和市场趋势，制定个性化的营销策略和销售计划，从而提高客户满意度和市场占有率，降低市场风险和不确定性。

4. 边云协同让智慧城市建设加速

边云协同技术可以为智慧城市的建设提供支持，从而实现智慧城市的全面升级。以下是边云协同技术在智慧城市建设中的应用。

智能交通：通过在城市交通系统中部署传感器和智能设备，实现交通流量的实时监控和优化，可以提高城市交通的效率和安全性。随着我国机动车保有量的迅速增加，城市交通系统结构日趋复杂，如何获取实时路况信息、快速解决突发事故、缓解交通拥堵越来越成为社会关注的焦点。在边云协同模式下，云计算相当于智能交通的"大脑"，边缘计算相当于智能交通的"神经末梢"。在边缘服务器上通过运行智能交通控制系统来实时获取和分析数据，根据实时路况来控制交通信号灯，可以缓解路面车辆拥堵等问题。此外，也可借助多方数据资源，通过自动比对和分析，对道路拥堵情况提前发出预警，辅助人工决策。

智能环境：在城市各个区域部署传感器和边缘设备，实时监测和分析城市环境数据，如空气质量、噪音、温度、湿度、污水排放等数据，提供实时的环境状况分析和预警，可以优化城市环境管理和保护。

智慧能源：通过在城市各个节点部署传感器和边缘设备，实时监测和分析城市能源消耗数据，如电力、水、燃气等数据，提供实时的能源消耗分析和优化方案，可以降低城市能源消耗和环境负担，提高城市能源的可持续性和节约能源成本。

智能安防：通过在城市公共安全系统中部署传感器和监控设备，可以实现对城市公共安全数据（包括犯罪、火灾等数据）的实时监测和管理，提高城市的安全性和紧急响应能力。

智能公共服务：通过在城市公共服务系统中部署传感器和智能设备，可以实现对城市公共服务（包括公共交通、医疗、教育等）的实时监控和优化，提高城市公共服务的效率和质量。

基于在以上方面的应用，边云协同技术可以实现智慧城市的全面升级，提高城市的智能化水平、可持续性和人民生活质量，助力城市的可持续发展和绿色低碳转型。

作为一种新兴的技术趋势，边云协同具有巨大的潜力和力量，为各行各业的数字化转型和智能化升级提供了强大的支持和推动作用。

向着普适计算演变

从计算的视角来看，智能化转型的过程就是要通过

“端 – 边 – 云 – 网 – 智”的技术组合，努力实现计算资源的布局最大化，让计算资源渗入日常生活的方方面面，将其变成一种类似水电的、基础性的支撑资源，让人们平时不会想起却又离不开，其终极目的就是实现计算资源的普适化与泛在化。

1991 年，施乐公司首席科学家马克·韦泽（Mark Weiser）在一篇文章《21 世纪的计算机》中，正式提出了普适计算（Ubiquitous Computing）的概念。在马克·韦泽看来，未来，计算资源会融入网络，融入环境，计算机设备也会变得更小、更便宜，彻底融入日常生活，以至于用户甚至察觉不到其存在。

按照马克·韦泽的描述，普适计算的实现要遵循四条原则。

第一，计算机的目的是帮助人们做其他事情，它是外在导向的，不是内在导向的。

第二，最好的计算机是一个看不见的忠实仆人，并且还能够预知人们的需求（在某种程度上，这就是智能化要实现的使命）。

第三，计算机应该延伸人类的无意识，凭直觉做得越多就越聪明。

第四，所有真正重要的技术一定都是会消失的技术，所谓的“消失”不是物理上的消失，而是心理上的消失、感觉上的消失。换言之，技术应该创造宁静，让人们在不知不觉的情况下使用它。比如现在的很多智能推送技术，就是在我们没有觉察到的情况下运行的。

普适计算意味着，计算将深深融入人们的日常生活和工作环境，让人与计算机的交互更加自然。普适计算也意味着，人们不用为了使用计算资源而去专门寻找一套计算机，无论身处何处，都可以根据需要获得相应的计算资源。

如今，距离马克·韦泽提出普适计算的概念已经过去了 30 多年，马克·韦泽本人也早在 1999 年就与世长辞了，但是我们能够看到，计算机产业的发展一直是向着他当初所预言的方向前进的。

计算形态从主机计算、PC 计算，到今天的网络计算以及在此基础上发展出的边缘计算，其发展趋势就是要使计算网络化、云化，通过将足够多的设备接入贯通全球的网络后，将计算资源变成一种构筑人类日常生活的基础性资源，在悄无声息中为人们提供个性化服务。

只有从这样一个宏观的方向出发，我们才能看到当前各个局部技术变革的方向、意义和价值。多终端系统、云计算、物联网等都可以看作普适计算的构成部分，我们要实现的是更便捷的计算。在智能时代，我们希望借助新 IT 达到的是一种无所不在的计算状态。

NEW
INTELLIGENT
TRANSFORMATION

| 第6章 |

云：云计算的力量

在未来，个人和绝大多数公司只需要配备相应的终端产品，计算、存储、网络、数据、算法和应用等软硬件资源会像电力资源一样成为一种基础能源，由一部分大公司提供，这就是云计算的价值。进入21世纪后，一些领先的科技公司悄悄开始了云计算商业化的尝试，云计算的力量让它们实现了逆袭与刷新。

云计算的前夜："网络就是计算机"

云计算与边缘计算有着密不可分的关系，与边缘计算一样，云计算也是新 IT "端 – 边 – 云 – 网 – 智" 技术架构的重要元素。

如今，云计算已然成为一个街谈巷议的热词，但是其真正被大众熟知的时间其实并不长。时至今日，尽管已经有很多落地的实践，但是云计算的发展依然处于早期阶段，围绕云计算的技术发展和商业竞争也才刚刚开始。

云计算并不是近几年才出现的新概念，在 20 世纪 90 年代，一家极具技术创新实力和战略前瞻性的企业就提出了云计算的概念雏形。遗憾的是，这家企业错误地估计了云计算到来的时间点，在错误的时间押注了一个太过超前的未来业务，最后倒在了云计算时代的大门缓缓开启之时。

20 世纪 80 年代，美国诞生了一家标新立异、叛逆不羁的公司——太阳微系统公司（Sun Microsystems，以下简称 Sun），该公司由斯坦福大学的四个学生联合创立，公司名称来源于斯坦福大学校园网（Stanford University Network）的首字母。

这家公司以卖工作站和服务器起家，一开始就树立了推崇技术的文化，这为其吸引了一批朝气蓬勃的技术工程师，也使其曾风云一时——在成立仅仅 4 年后就成功上市，一度对 IBM 和微软都产生了巨大的威胁，甚至差点收购了苹果公司。

为了应对 Sun 的威胁，IBM 和微软从不同方面对其进行围攻，想把 Sun 阻击在 PC 战场之外。只是当时它们还不知道，Sun 的目标从来不是桌面上摆着的“小玩意”，它认为网络计算才是自己的星辰大海。Sun 在 20 世纪 90 年代就提出了“网络就是计算机”（The Network is the Computer）的概念，即把网络作为一个脱离硬件的单独研究对象，让其具有自己的计算能力和存储能力，这正是今天云计算概念的雏形。

因为认定了“网络就是计算机”这一方向，所以从建立工作站到关注数据共享，再到后来的全球网络开发，Sun一直以来的目标都是“未来所有的设备都将通过网络来管理，它们都将连接在Sun的服务器上”。

当时，万维网才刚刚诞生，互联网还只是一个仅在学术领域被讨论的概念而已。在这种背景下，Sun的努力看起来无疑是一次极为超前的战略安排。但也正是它的这种过于超前的战略眼光，造成了其日后的衰落。在那个年代，带有图形界面的个人计算机刚出现不久，正是PC兴起的阶段，对“网络计算”的需求还未被激发，支撑“网络计算”的各种条件也都不成熟。“网络计算”这个在今天看来理所当然的事物，在当时无异于天方夜谭。对于超前战略的过分执着，让Sun过于重视硬件，以致其始终未能充分利用自己开发的很多优秀软件的商业潜力，在几大巨头的围攻下，Sun频频败退，最终在2009年被甲骨文（Oracle）以极低的价格收购。

就在Sun被甲骨文收购的前一年，商业作家尼古拉斯·G.卡尔（Nicholas G. Car）通过对当时的商业发展的观察以及对商业史的研究，发现 IT 领域正在经历一场巨大的蜕变，这种蜕变与 100 多年前发生在电力工业领域的变化极其相似。

电力作为一种革命性的能源，最初是由分散的小型电厂提供的。在电力发展初期，生产企业想要实现电气化，就必须购置发电设备自建电厂。所以，电力领域曾经出现了一大批发电设备提供商，大量的自建电厂企业曾让这些设备提供商赚得盆满钵满。但是，技术和商业模式的迭代很快就让这种繁荣走向终结。大功率蒸汽轮发电机和交流电配送技术催生了以中央发电站为基础的电网的出现，而后很快形成的规模效应让每度电的成本大大降低。很多企业再也不必自建电厂，转而开始向电网购买稳定且价格低廉的电力。价格越低，用户越多，而用户越多，价格就越低，由此形成了一种正向循环。很快，遍及全社会的电气化时代便来临了。

在 20 世纪末到 21 世纪初，企业要想实现信息化，必须自己购置 IT 设备，建立自己的信息中心，这跟电力初期的企业自建电厂极为相似。尼古拉斯认为，就像电网取代了小发电站那样，一场类似的变局也在 IT 领域悄悄发生。计算资源也会像电力资源一样，形成以中央算力系统为基础的计算网络，各自为政的企业计算系统将被公用计算机终端的模式取代。就像在电网出现以后，企业和个人购买的“发电设备”就是插座一样，在网络提供的公用计算服务出现以后，各企业只需要配备各式的终端就可以了。

尼古拉斯把这种公用计算称为“云计算”，生活在“云”之下的企业和个人，无须用巨大的硬盘来存储各种各样的程序和数据，就像我们每天用的水和电由自来水公司和电力公司提供一样。要使用程序和数据，我们要做的只是“打开开关”。

进入 21 世纪后，一些领先的科技公司悄悄开始了云计算商业化的尝试，进而意识到云计算蕴含着极大的商业潜力。只是这种潜力直到 2015 年才被大家真正感觉到，而最先释放这一潜力的是亚马逊公司。

亚马逊的逆袭与微软的刷新

当人们回顾 21 世纪初期商业领域发生的重大事件时，

亚马逊的逆袭和微软的刷新是绕不开的两大标志性事件。而逆袭和刷新背后的驱动力，都是云计算。凭一己之力就成就了两大市值超过万亿美元的公司，云计算的威力可见一斑。

1. 亚马逊的逆袭

2014年10月，已卸任微软CEO的史蒂夫·鲍尔默（Steve Ballmer）出现在了查理·罗斯（Charles Rose）的脱口秀节目中，并在节目中对亚马逊公司表达了强烈的不屑。他在节目中谈道："我不知道该怎么说。我喜欢亚马逊，它是家不错的公司，但是它不赚钱，查理。在我的世界里，只有赚钱的，才是真正的生意。"

从亚马逊当时的情况来看，鲍尔默所言非虚。亚马逊在2014年亏损了2.41亿美元，2014年年底，亚马逊的市值相比2013年已经跌了20%，只有1400多亿美元。的确，在当时的科技巨头眼中，亚马逊还是不太入流的企业，尽管其美国和英国的图书与电子商品在线零售业务的表现都很不错，但是它却无法像微软和苹果那样，通过销售特定的软件或硬件产品获得巨大而稳定的现金流。

就在鲍尔默和其他对亚马逊持怀疑态度的人都盯着亚马逊财报中的亏损数字和新的巨额投资项目时，亚马逊早期的一项秘密投资开始有了回报。在 2015 年 4 月份发布的财报中，亚马逊首次披露了已经开展 10 年的云计算业务的收入情况，并以其潜在的销售增长和盈利能力震惊了市场。到 2015 年年底时，亚马逊的股价已经翻了一番多。

在 2015 年之前，很多对亚马逊的前景持悲观态度的人都忽略了亚马逊后来最大的盈利引擎，这恰恰是其创始人杰夫·贝佐斯（Jeff Bezos）想要的结果。在最初的 10 年里，亚马逊云计算业务的收入和利润一直被严格保密。尽管在 2014 年的时候，这个部门就创造了 46 亿美元的销售额，并且以每年 50% 的速度增长，但是亚马逊在发布财报的时候，将这些数字和新的广告收入都放在了财报中不引人注目的“其他收入”项中，以使微软和谷歌这些潜在的竞争对手在很长一段时间里不会意识到云计算在商业方面的潜力。

亚马逊的云计算业务始于 2006 年，当时，亚马逊电子商务业务在茁壮成长，但同时也开始显露一些问题，其中一个重要问题就是电子商务业务造成的 IT 资源的严重浪费。作为一个电子商务平台，亚马逊的交易都是在网站上进行的，为了保证交易的顺利，必须投入大量的 IT 资源作为支持。电商用户在时空上的分布不均，使得电商企业为了保证用户购物体验的稳定性，必须按照高峰销售来建立 IT 架构。这就导致了在大部分时间里，有大量的计算资源是闲置的。

如何让这部分闲置的 IT 资源得到有效利用呢？为了解决这个问题，亚马逊开发了 AWS（Amazon Web Service，亚马逊网络服务），这项业务最初的模式就是将自己闲置的 IT 资源以出租的方式提供给其他需要的企业。

随着数字化进程的发展，很多中小企业对 IT 硬件和软件资源都有特别大的需求，但是由于成本限制，它们没有条件自建完整的硬件系统，这就严重阻碍了这些企业的数字化进程。面对这种情况，云计算服务的出现对相当一部分的企业而言可谓是福音。

2006 年，亚马逊便正式对外发布了经典的 S3（Simple Storage Service，简易存储服务）和 EC2（Elastic Compute Cloud，弹性云计算）等 AWS 产品。S3 主要针对对象存储，解决非结构化数据的存储问题；EC2 主要解决计算资源调取的问题，减少获取、启动服务器的时间，提高计算效率，降低计算成本。这些产品一经发布，便受到了很多初创企业和个人开发者的青睐。

尽管最初推出云计算服务只是为了解决自己的 IT 资源浪费的问题，但是亚马逊很快就发现，云计算业务本身就可以带来丰厚的利润，这一利润甚至要比电子商务的利润还要丰厚。所以 AWS 很快便被独立出来，作为一个单独的业务发展。到现在，AWS 已经成为亚马逊最吸金的业务，也是其市值从一千多亿美元飙升至一万多亿美元的动力引擎。现在看来，贝佐斯在 2006 年的布局极具前瞻性，就像是苹果改变了消费者对手机的使用习惯一样，AWS 也改变了企业使用 IT 技术的方式。

2. 微软的刷新

尽管鲍尔默在节目中对亚马逊表示了不屑，但是他也很早就意识到了云计算业务的潜力。微软开启云计算相关业务的时间并不晚，早在 2008 年，微软内部就开发了一个高度机密的云基础设施产品，该项目由当时微软首席软件架构工程师雷·奥兹（Raymond Ozzie）负责，代号

“赤犬”（Red Dog）。该项目也得到了时任微软 CEO 鲍尔默的认可，他宣布公司将全力发展云业务，并亲自推动了 Office 业务的云端转型，推出了 Office 365。仅仅在开局早期，微软在云计算相关领域的投入就超过了 80 亿美元。

然而，由于缺乏清晰的目标和愿景，微软的云计算业务长时间没有找到盈利方向。同时，鲍尔默亲手构筑的“盈利优先”的企业文化也严重限制了这一新业务的发展。当时这个项目在微软的服务器与工具事业部（STB），云计算业务初期发展需要的巨大投入与当时服务器业务强大的盈利能力的鲜明对比，使得云计算业务被 STB 的领导层边缘化。

2010 年年底，心灰意懒的雷·奥兹写了一份篇幅不小的内部备忘录，并且宣布他将从微软离职。他在离职邮件中写道：“一个无可辩驳的事实是，在任何一家大型组织，任何艰难的转型都必须从内部突破。”

或许是雷·奥兹的离职对鲍尔默有所触动，在雷·奥兹离职后不久，鲍尔默就任命了萨提亚·纳德拉（Satya Nadella）为 STB 的负责人。巧的是，萨提亚的前东家正是 Sun 公司。萨提亚本人也是从 2008 年就开始系统了解云计算相关的知识，这使他能够从用户的角度去思考问题。在他负责STB之初，整个部门对云业务的态度存在严重分歧。尽管大家都对高层提出的云业务前景表示认可，认为应该孵化这个新业务，但是也不愿意为此而损害当时正处于商业巅峰的Windows服务器和SQL服务器业务。

萨提亚的性格与鲍尔默完全相反，他并不是那种外表雷厉风行，习惯强推任务的人。面对下属的不配合，他表现出了极大的耐心，他与STB管理团队中每一个人单独见面，问他们问题，倾听他们的想法，然后再有针对性地以云计算相关的利害问题说服这些管理人员。最终，萨提亚推动整个STB部门对发展云计算达成了真正意义上的共识，在内部树立起了“云为先”的战略共识。此后，整个STB部门的产品和技术开始按照云服务进行优化，而基于微软在服务器领域已有的实力，微软的混合云业务很快就获得了可观的增长。

2014年，萨提亚接任鲍尔默成为微软的第三任CEO。萨提亚接手微软时，微软内部管理混乱，市值已经严重缩水。但是在他的带领下，微软也创造了类似亚马逊的商业奇迹，只不过亚马逊的增长是一种逆袭，而微软的增长则是一种触底反弹式的刷新。

从亚马逊和微软各自创造的商业奇迹中，我们便能感受到云计算所蕴含的商业能量。那么云计算到底是什么？其商业价值又是如何体现的呢？

云计算的价值

随着互联网的发展及其规模的不断扩大，互联网上汇聚了大量的计算资源、存储资源、数据资源和应用资源，互联网也从传统意义上的通信平台转化为泛在、智能的计算平台。在云计算之前，相比于计算机操作系统这样的传统计算平台，互联网没有形成类似计算机操作系统这样的服务环境，以支持互联网资源的有效管理和综合利用。而在传统计算机中已经成熟的操作系统技术又不适用于互联网环境，因为互联网资源的自主控制、自治对等、异构多尺度等特性与传统计算机操作系统的资源特性存在本质区别。为了适应互联网资源的特性，形成承接互联网资源和互联网应用的一体化服务环境，必须建立一种类似计算机操作系统的平台，其目的是使用户能够方便、有效地共享和利用开放的网络资源。这便是云计算诞生的技术背景。

云计算本质上是一种基于互联网的计算方式，一般由实力雄厚的服务商构建类似中央发电厂一样的云计算中心，将数字化相关的计算能力和存储能力等变成一种类似电力的可传输资源，通过网络传输，这种共享的软硬件资源和信息可以按需提供给各种计算终端和相关设备。

云计算描述了一种基于互联网的新 IT 服务的使用和交付模式，用户无须了解云计算相关的基础设施细节，也不必拥有相应的专业知识，更无须直接对其进行控制，通过浏览器、桌面应用或是手机应用就可以直接访问云服务。云计算服务能够让企业更加迅速地部署应用程序，并降低 IT 资源的复杂度及维护成本，允许 IT 资源被迅速地重新分配，以响应企业需求的快速改变。

在商业化方面，云计算依赖资源的共享来达成规模经济，可算作一种新的基础设施。云计算服务的提供者集成大量的资源供其他用户使用，用户可以较为便捷地租借资源，并根据自己的需求随时调整租用量，将不需要的资源释放回整个架构系统，不必为短暂的高峰需求大量购置计算资源，只需要在高峰时期增加租用量，在需求降低时减少租用量。云计算服务的提供商也能够灵活地出租计算资源，按照整体的需求量调整租金。

美国国家标准与技术研究院（NIST）对云计算的定义为：云计算是一种模式，能以泛在的、便利的、按需的方式通过网络访问可配置的计算资源（如网络、服务器、存储器、应用和服务），这些资源可以实现快速部署与发布，并且只需要极少的管理成本或服务提供商的干预。

简单理解就是，在未来，个人和绝大多数公司只需要配备相应的终端产品，计算、存储、网络、数据、算法和应用等软硬件资源会像电力资源一样成为一种基础能源，由一部分大公司提供。

结合云计算的定义，通常认为云计算具有以下七条特征：一是随需应变的自助服务，二是可随时随地用任何网络设备访问，三是多人共享的资源池，四是拥有能被快速重新部署的灵活度，五是提供的服务可以被监控与测量，六是能够减少终端用户的处理负担，七是降低了用户对 IT 专业知识的依赖。

NIST 在定义云计算的同时，也提出了云计算的三种服务模式。

软件即服务（Software-as-a-Service，SaaS）

在这种服务模式下，用户只需要租用云计算公司提供的应用程序，不用理会操作系统、网络架构及硬件设施。这种模式以服务而不是产品为基础，软件服务提供商以租赁的方式向客户提供服务。典型的产品有微软的 Office 365，消费者只需要一个账户和密码就可以使用。

平台即服务（Platform-as-a-Service，PaaS）

这种服务模式主要面向开发人员，用户自主开发、运行和管理自己的应用，掌控应用环境，但是并不掌控操作系统、硬件和网络基础架构。比较典型的产品有谷歌的 Google App Engine。

基础设施即服务（Infrastructure-as-a-Service，IaaS）

在这种服务模式下，用户使用服务商提供的最基础的计算资源，诸如处理能力、存储空间和网络组件等。用户可以自主掌握操作系统、存储空间以及已经部署的应用程序及相关的网络组件，但是并不掌握基础的云架构。比较典型的产品是亚马逊的 AWS。

为了更好地理解上述几个概念，我们可以用租房来打比方。IaaS 相当于用户租了一间毛坯房，除了房屋框架是确定的之外，其他的都得自己置办，硬装、软装和家具购置等环节都得自己动手。PaaS 相当于租了一间简装房，装修风格已经确定，硬装修已经完成，用户需要负责软装和家具购置。SaaS 则相当于用户租了一间精装修的房子，可以直接拎包入住，相关的资源很容易就能享用。

基于上述三种服务模式，云计算能够提供四种不同的部署模式。

公有云

公有云由云计算服务商提供开放的服务给不同用户使用，价格便宜，可以同时服务很多租户，一旦有租户离开，其释放的资源可以马上租给另一个用户。公有云属于底层云构建，需要实力较强的公司来建设。缺点是安全性相对较低。

私有云

私有云由云计算服务商为某个用户或机构专门建立，数据和程序都在客户组织内管理，能够实现精细化管理，并提供更为优质的服务，安全性也比公有云高很多，相应地，价格也比较高。

混合云

混合云是结合了公有云和私有云的产物，在这种部署模式中，用户通常将企业的非关键信息外包，在公有云上进行处理，但是企业的关键数据和信息则由自己掌控，并由云计算服务商为其搭建私有云。

社区云

社区云介于公有云和私有云之间，通常是指体量不大但又身处敏感行业的客户联合起来，共同让云计算服务商为其部署的专用的云。

针对上述三种服务模式和四种部署模式，不同的企业可以根据自身的情况及需求来选择相应的云计算服务。

作为主流的计算模式，云计算为人工智能、物联网、5G 等新一代数字技术提供了坚实的支撑，是推进企业智能化转型的重要手段。现在，云计算已经向金融、制造、交通、物流、医疗健康等各行各业渗透，并为各类企业带来了巨大的价值。

因企制宜，选择云端转型策略

近年来，我国云计算市场呈爆发式增长。根据中国信息通信研究院于 2022 年 7 月发布的《云计算白皮书（2022 年）》，2021 年我国云计算市场规模高达 3229 亿元。该白皮书还指出，作为数字经济的重点产业，云计算将在未来数年内扮演越来越重要的角色，为各领域的创新发展注入新的活力，包括云原生架构应用将更加普及，算力服务技术体系将更加完善，云上系统稳定性将更加优先，云安全建设工具将更加便捷，云优化治理内涵将更加广泛。这给企业带来了巨大的机遇，如果企业能够借着这股东风，加快上云的步伐，就能更快地实现智能化转型。

那么，企业该如何利用云计算开展智能转型呢？一个重要的原则是因企制宜，不同规模的企业应该根据自身的发展情况和需求选择不同的策略。

1. 小微企业智能化转型的“任意门”：SaaS

在云计算的三种模式中，SaaS 是最接近“电源”般即插即用的模式，这种模式可以被看作传统商业软件的强化和升级。

我国小微企业数量多，并且每年都在以较快的速度增加，已成为推动我国经济发展的重要力量。虽然小微企业数字化程度较低，经营和管理的信息化缺乏部门间的协同效应，管理的数字化程度也落后于大中型企业，但在数字化升级难度和标准的要求上也远低于大中型企业。

在工信部和相关部门政策的扶持下，小微企业的数字化程度在不断提高。2020 年 3 月，工信部下发《中小企业数字化赋能专项行动方案》，指出政府和企业要助推中小企业上云用云，“引导数字化服务商面向中小企业推出云制造平台和云服务平台，支持中小企业设备上云和业务系统向云端迁移，帮助中小企业从云上获取资源和应用服务，满足中小企业研发设计、生产制造、经营管理、市场营销等业务系统云化需求”。

很多小微企业因为资金和资源的限制，很难在短期内构建 IaaS 系统或 PaaS 系统并从中获益，他们实施智能化转型的最佳工具是类似个体用户使用的 app 这样的工具，对硬件要求不高，操作方式“傻瓜”化，但是对业务的改进能够立竿见影。SaaS 是满足这种需求的最好选择。

相比传统商业软件，SaaS具有简化管理、快速迭代、灵活付费和持续服务等优势，是企业迈出智能化转型第一步的最好选择。

首先，SaaS模式能够降低小微企业数字化的门槛和风险，云计算服务商为企业提供搭建信息化管理平台所需的网络基础设施、软件、硬件，以及负责后期的实施与服务。需求方不需要储备太多的IT专业技术人员，无须处理长期的维护问题，从而可以将精力投入到公司的核心业务领域。

其次，灵活的定价模式让企业能够根据自身规模，增加或减少租用量，开通或关闭各项服务。SaaS被称为“租来的数字化”，企业只须以相对低廉的“月费”方式投资，不必占用过多的营运资金，从而缓解了资金不足的压力，企业亦不用考虑成本折旧问题，并能及时获得最新的硬件平台及最佳的问题解决方案。SaaS厂商提供的专业资源和解决方案，以及SaaS可实时更新的特性，让企业可以随时进行优化和升级，以保持管理系统的领先。

最后，SaaS软件能够永久在云端保存信息和数据，打破了时间和空间的限制。

对许多小微企业来说，SaaS 是步入智能化转型的最好入口，它使小微企业无须购买、构建和维护基础设施和应用程序，充分弥补了我国小微企业目前信息化水平低、资金和人才短缺这些突出的缺陷，较好地满足了中小企业的发展需求。

Shopify 公司是比较突出的 SaaS 服务商，其为电商卖家提供 SaaS 服务平台，商家只需按月缴纳租金，就可以享受相应的服务，包括建站、支付、库存、物流、获客等。通过这些服务，电商卖家获得了极大的自由度，能够在诸如亚马逊这样的大电商平台之外建造属于自己的流量池，不用再受大电商平台各种苛刻规则的约束。因此，Shopify 的服务对亚马逊的电商业务产生了不小的冲击。

2. 大中型企业的“云”选择：私有云

从前面的介绍中可以看到，私有云可以为企业带来不少优势。这些优势包括：达到或超出第三方供应商调配效果的自助调配；为特定业务需求定制的应用和服务；值得信赖且当前公有云提供商无法提供的安全和合规；通过自动化调配扩展资源，以保障高利用率和高灵活性的功能。

此外，私有云还可以整合工作负载，优化服务器利用，降低成本，同时保持性能和灵活性。这些优势使得很多企业在公有云、混合云或私有云之间选择了私有云。

作为信息基础设施的操作系统，云计算是通信网络、算力与新技术基础设施进行协同配合的重要结合点，也是整合网络与计算技术的平台。在这样一种架构的基础上，云计算正在成为智能化转型的重要基础资源。

智能化转型的本质，就是利用数字技术把企业各环节的要素数字化，推动要素资源配置优化、业务流程生产方式重组变革，从而提高企业经济效率。其中，数字基础设施是生产工具，数据则是生产资料。

在智能化转型的过程中，以云计算为核心，融合人工智能、大数据等技术实现企业信息技术软硬件的改造升级，加速数据流通、汇集、处理和价值挖掘，将会有效提高企业生产率，为企业乃至产业的发展按下“快进键”。

在可预见的未来，云计算一定会与更多的企业、更多的行业深度融合，为企业持续提供新价值，创造新动能。

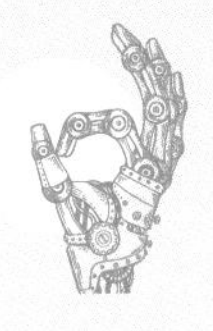

NEW
INTELLIGENT
TRANSFORMATION

| 第 7 章 |

网："幕后英雄"数据传输网络

在构成新IT的基本要素中，"网"（即数据传输网络）至关重要，它在人们看不见的地方发挥着连接作用。我们已经经历的信息化和正在走向的智能化，都离不开广泛的连接。各种形式的连接通过数据传输网络来实现，借助不同的数据传输网络，比特信息可以在各种场景中穿梭自如。

从铜线到无线

2019年6月6日，工信部正式发放5G商用牌照，这标志着中国正式进入了5G商用元年。在这之后，5G技术开始逐步从消费端进入工业领域。因为具有高速率、大带宽和低时延的特点，5G在智慧工厂等应用领域有着广阔的发展空间，是未来实现智能制造的主要推动力。

在构成新IT的基本要素中，“网”（即数据传输网络）至关重要，它在人们看不见的地方发挥着连接作用。我们已经经历的信息化和正在走向的智能化，都离不开广泛的连接。各种形式的连接通过数据传输网络来实现，借助不同的数据传输网络，比特信息可以在各种场景中穿梭自如。到目前为止，主要的比特信息传输路径有三大类，分别是铜线传输、光纤通信和无线通信。

1. 为什么始于铜线

自贝尔发明电话算起，电信网络已经有 140 多年的发展历史，但即使从阿帕网的诞生算起，互联网的发展历史也才半个多世纪。在互联网发展初期，信号是借助电信网来实现传播的。正因如此，拨号上网[1]成了一代人的记忆。

拨号上网依赖于音频通信，通过调制解调器，计算机中的数字信号被调制成音频信号，然后被发送到接收端的调制解调器，接着接收端的调制解调器将模拟音频信号解调成数字信号，供计算机处理。这种方式类似于打电话，在这一过程结束之前，因为"占线"，用户无法通过电话线与其他人打电话。

这之后，出现了 ADSL（Asymmetric Digital Subscriber Line，不对称数字用户线）技术，ADSL 与拨号上网一样采用非对称技术，但是上行带宽和下行带宽的差距更加明显。此外，ADSL 采用频分复用技术，把普通的电话线分成了电话、上行和下行三个相对独立的信道，避免它们之

[1] 拨号上网就是通过本地电话线经由调制解调器连接互联网。

间相互干扰，既解决了拨号上网电话占线的问题，也带来了更加出色的网络质量。正是因为ADSL的出现，我们真正告别了窄频接入时代，步入了宽带时代。

早期的网络通信采用同轴电缆传输信号。同轴电缆由里到外分为四层——中心铜线（单股的实心线或多股绞合线）、塑料绝缘体、网状导电层和电线外皮，中心铜线和网状导电层形成电流回路。同轴电缆因为中心铜线和网状导电层为同轴关系而得名。因为体积较大，要占用电缆管道的大量空间，不能承受缠结、压力和严重的弯曲（这些都会损坏电缆结构，阻止信号的传输），以及成本高等因素，同轴电缆不适合远距离、大带宽通信。

后来，同轴电缆逐步被双绞线代替。双绞线由外覆塑胶类绝缘材料、内含铜缆线的两条线组成，互相绝缘的双线相互缠绕，绞合成螺旋状。双绞线可减少信号的衰减、串扰及噪声，屏蔽双绞线还可以抵抗外部电磁干扰。

随着网络本身的发展，作为传输介质的双绞线也在不断迭代，至今依旧是网络传输的一个重要部分。在小范围的网络传输中，诸如在家庭或企业中，所使用的网线依旧是双绞线。但是双绞线也有缺点，其信号衰减会随传输距离的增加而增大。

随着数字化进程的推进，人们所要传输的数据类型和数据量都在不断增加，这对信号的传递介质也提出了新的要求，人们迫切地需要一种传输容量大、传输质量可靠、损耗小、适合长距离传输的材质，光纤便应运而生了。

2. 一种全新的介质：光纤

1966 年，华裔科学家高锟发表了《光频率介质纤维表面波导》一文，提出可以用石英基玻璃纤维进行长距离通信，认为这将引发一场通信革命。高锟的研究为人类进入光导新纪元打开了大门，他本人也因为对光纤的研究获得了 2009 年的诺贝尔物理学奖。简单来说，光纤是光导纤维的简称，可以引导光波前行并转弯，而光本身又是一种电磁波，所以也可以通过调制解调的方式来实现光通信。

20 世纪 80 年代，光纤开始广泛应用于通信领域，对电信工业产生了革命性的影响，也对互联网的发展产生了重大影响。

相较于铜线传输和无线通信，光纤通信具有频带宽、传输容量大的优势。同时，光纤通信还具有损耗小、中继距离长、重量轻、体积小、抗电磁干扰性能好、泄漏小、保密性好等优点。此外，制造光纤的主要原料是硅，蕴藏量极大，较易开采，所以价格很便宜。基于这些优点，光纤通信得以大范围推广。

从实际投入应用开始，光纤通信产业便跟随快速发展的互联网产业实现了飞速发展，一些新兴的网络应用，诸如视频点播等多媒体的出现，使互联网带宽的发展甚至打破了摩尔定律。

从 20 世纪 80 年代开始，运营商大带宽、长距离的通信需求持续增长，光纤通信首先在广域网应用，随着成本的逐步降低，又在运营商城域网得到了广泛使用。进入 90 年代后，数据流量快速增长，光纤通信进入园区、企业层面的中短距离应用领域。到了 21 世纪，随着超级计算和大型数据处理需求的增长，光纤通信在数据中心的广泛使用，大幅提高了系统级数据处理速度。

最新的网络通信概念是“全光网”，除了在进出网络时进行电光和光电转换，信号在网络中其他所有的传输和交换过程中均以光信号的形式存在，网络中的设备由电路交换升级到高可靠性、大容量和高灵活度的光交叉连接数据交换。由于全光网几乎没有光电转换环节，支持各种不同协议和编码形式，信息传输具有透明性，数据传输效率得以进一步提高。目前，全球运营商骨干网和城域网已实现光纤化，部分地区接入网光纤化已完成，向全光网的演进已经开始。

网络线路光纤化仅是实现全光网的第一步，随着光交换、光存储、光多路复用器件的成熟，网络设备节点也会由光电交换技术向光交换方向发展，这将会引领我们走向一个全动态的光网络时代。

全光网的发展趋势将逐步与以无线电波为载体的 5G 通信相融合，一起推动智能化转型的进程。

3. 从大哥大到 iPhone：无线通信的演变

现在大家对线缆网络管道的感知越来越弱了，因为线缆越来越隐形了，它们往往藏在我们看不到的地方。令我们感受更为强烈的，其实是诸如蜂窝网络和 WiFi 这样的无线通信系统。无线通信系统是指多个节点之间不经由导体或者线缆而实现信息传输的通信系统。

二战加速了无线通信的发展。1940 年，摩托罗拉研制出能够用于战场的步话机 SCR-300，它既是一个无线电接收机，也是发射机，可以进行双向通信，这让战场上的指挥和通信变得高效了许多。但是这款产品很重，需要一个专门的通信兵背着。

二战结束后，摩托罗拉在 20 世纪 60 年代深度参与了阿波罗登月计划，并为该项目提供通信设备，在这个过程中又积淀了移动通信相关的技术，使得其通信技术遥遥领先。1967 年，首届国际消费类电子产品展览会（CES）在纽约举行，会上摩托罗拉展出了第一款民用移动通信设备，只是该设备当时的价格和性能还达不到真正的民用水平。

直到 20 世纪 80 年代，移动电话才真正开始了民用。民用意味着移动电话不能再像军用步话机那样只考虑点对点的通信问题，需要有电话网络，要能够拨打任何号码，这要求建立很多基站，让无线信号能够覆盖人们活动的区域。

通过数学计算，工程师们发现，最经济有效的方式就是把无线通信网络修建得像蜂窝那样呈六角形分布，相互连接。因此，民用移动通信也被称为蜂窝式移动通信。今天，手机的英文单词“cellphone”就是蜂窝（cell）和电话（phone）两个词的合成词。

摩托罗拉主导了全球第一代移动电话（1G）的发展。由于是从军用步话机演化而来的，所以第一代移动电话类似于简单的无线电双工电台，语音传播是模拟信号，只能传输语音流量。受当时电池容量的限制以及模拟调变技术需要庞大的天线等因素的制约，第一代移动电话体型依旧很大，所以被国人亲切地称为“大哥大”，它也成了一个时代的记忆。

从 20 世纪 90 年代开始，第二代移动电话（2G）快速兴起。由于采用了新的通信标准，同时重新设计了很多通用芯片，做出了专用集成电路，第二代移动电话的体积得以大大缩小，功耗也大大降低。第二代移动电话在重量上比第一代移动电话降低了一个数量级，在通信效率上却提高了半个到一个数量级。

这一时期，为了和美国竞争，欧洲运营商和设备制造商最终达成了一致，形成了一个统一的 2G 移动通信标准 GSM，统一的标准使欧洲手机产业的成本大幅下降，手机售价和话费也随之快速降低，手机得以快速普及。而美国繁荣且开放的电信市场，导致大量小型运营商涌现，由于没有充沛的资金，它们更加倾向于使用现有技术，这使得美国没有统一通信制式。第二代移动电话给了诺基亚后来者居上的机会，其在移动电话领域的销量很快超过了摩托罗拉，一度占据近一半的全球手机市场，成为新的移动王者。

但是，诺基亚的辉煌随着第三代移动电话（3G）时代的到来戛然而止。2007年，苹果公司进入移动市场，推出了触屏智能手机iPhone。此后，谷歌推出了通用开源的手机操作系统Android，随后Android兼容机厂商开始崛起。

发展到现在，蜂窝网络系统主要有三个组成部分，分别是移动站、基站子系统和网络子系统。移动站包括我们手持的终端设备和客户识别卡，基站子系统则包括常见的大铁塔式基站、无线收发设备、专用网络（通常由光纤组成）和无数的数字设备等，网络子系统主要负责完成交换功能、客户数据移动性管理和安全性管理所需的数据库功能。

有了无线通信以后，连接用户的方式也发生了改变，线缆变成了无线电波。1G变成了5G，每一代通信标准、每一项具体制式都有属于自己的网络架构，以及自己的硬件平台和自己的设备。

由摩托罗拉主导的第一代移动通信系统为模拟式电

话系统，只能打电话。而由诺基亚主导的第二代移动通信系统则推出了数字化语音业务，除了通话功能外，还引入了短信功能。发展到后来，2G 系统也有了数据上网业务，但因为速度慢，只适合传输量比较小的电子邮件等信息。

20 世纪末期，互联网技术的快速发展改变了人们的通信方式，传统的语音通信吸引力下降，人们开始期待无线移动网络也能提供互联网业务，于是能够提供快速数据业务的第三代移动通信系统诞生了。从 3G 开始，大量的网线和光纤开始投入使用，移动通信系统设备的外部接口和内部通信都开始围绕 IP 地址和端口号进行开发。

第四代移动通信系统则提供了 3G 不能实现的无线网络宽带化。4G 网络是全 IP 化网络，主要提供数据业务，其数据传输速率在高移动性下高达 100Mbit/s，基本能够满足各种移动通信业务的需求。

4G 与触屏智能手机的组合，推动了移动互联网的成熟，很多新的商业形态在此基础上诞生，并且对人们的日常生活产生了极大影响。我们今天习以为常的外卖、网约车、移动支付、短视频等商业形态，都建立在触屏智能手机与 4G 移动通信的基础上。

现在，人类社会已经进入了 5G 时代，这是继 4G 之后的新一代移动通信技术，其目标是实现高数据传输效率、减少延迟、节省能源、降低成本、提高系统容量和实现大规模连接。

5G 机遇

5G 商用正在全球加速推进，从驱动产业发展的角度看，5G 被认为是个人消费体验升级和行业数智化转型的关键。全球的主要经济体均明确提出要将 5G 作为长期产业发展中的重要一环。欧盟发布的“2030 数字罗盘”（2030 Digital Compass）计划就明确提出，要以 5G 作为工业 4.0 发展的基础。作为最早部署 5G 的国家，韩国进一步加强 5G+ 融合生态系统的构建，推进 5G 融合服务的发展。日本则持续推进 Beyond 5G 以充分发挥其民生和社会价值。我国也提出了以坚持科技创新为牵引的“十四五”规划，并将持续深化“5G+ 工业互联网”作为当前的重要目标。

5G 的全称是“第五代移动通信技术”，与早期的 2G、3G 和 4G 移动网络一样，5G 网络也是数字信号蜂窝网络的一种。在蜂窝网络中，表示声音和图像的模拟信号在手机中被数字化，由模数转换器转换并以比特流形式传输。5G 无线设备通过射频与蜂窝基站的天线阵列和自动收发器通信。收发器使用电信运营商分配的频段进行通信，不同地理区域的其他蜂窝可以重复使用这些频段。基站通过高带宽光纤或无线回程连接与电话网络和互联网连接。

国际电信联盟（ITU）会针对每一个新世代网络制定相应的需求及应用场景。各大电信标准组织则依照 ITU 所提出的需求，制定标准并提交给 ITU 审定。ITU 最终给 5G 确定了八大 KPI：一是更好的使用者传输速率体验，二是更高的峰值传输速率，三是更大的区域业务容量，四是更高的频谱效率，五是更高的移动性，六是更低的延迟，七是更高密度的装置联机，八是更高的网络能效。

八大 KPI 主要是为了满足以下三大应用场景。

增强型移动宽带（enhanced Mobile Broadband，eMBB）

作为 4G 移动宽带服务的演进技术，5G 需要具备更快的连接、更高的吞吐量和更大的容量。

海量机器类通信（massive Machine Type Communications，mMTC）

5G 要满足更大量、更密集的机器设备的互联通信（可支持每平方千米 100 万台设备进行联机）。

高可靠性低时延通信（Ultra Reliable and Low Latency Communications，URLLC）

在需要不间断和稳定数据链接的关键任务场景中，5G 要满足场景对于无线通信网络的超高可靠性和低时延的要求，提供空口延时低于 1 毫秒的可靠无线通信连接。

ITU 为 5G 确定的 KPI，其实也是网络通信技术发展的总趋势。整体而言，高速、安全和泛在的通信网络连接将呈现不断推进的发展趋势。为了实现更高速率、更低时延、更安全可靠和更多的用户连接，各国都在努力推动网络的升级。

5G 技术的兴起，带来的改变不仅仅体现在手机或电脑这些数量有限的、与人直接交互的终端上，其更大的使命在于为更大数量、更多种类的设备赋能，进而推动 IoT 的加快实现。

万物联网对传统的网络模式带来了诸多的挑战，大量新增的终端有各种不同的用途，所需网络的特性也会不同，比如，自动驾驶、智能医疗等相关设备需要低时延的网络，而一些高清视频和转播则需要高带宽的网络……

使用场景的多样化，倒逼网络资源的提供也必须呈现多样化形态，以期在使用效果和总成本之间找到最佳平衡点。为了达到这种平衡，在5G技术的基础上，人们又提出了网络切片（Network Slicing）和移动边缘计算（Mobile Edge Computing, MEC）这两种独特的技术。

网络切片

网络切片是一种将物理网络基础设施分割成多个逻辑独立的虚拟网络的技术。每个虚拟网络都有自己的网络资源，例如带宽、帧结构和服务质量保证等，这些资源可以针对每个虚拟网络进行配置和管理。

网络切片是5G的重要技术之一，它可以为不同的应用和服务提供更好的网络支持和服务质量保障。5G网络中的网络切片可以根据应用需求，为移动宽带、车联网、工业物联网、远程医疗等各种垂直行业提供定制化的网络服务，实现网络资源的灵活配置和使用，从而支持不同应用的特殊要求。

网络切片具有很多优点。

第一，提供定制化的服务。网络切片技术可以根据应用需求，为不同的垂直行业提供定制化的网络服务，实现网络资源的灵活配置和使用。

第二，提高网络利用率。网络切片技术可以将一个物理网络基础设施分割成多个逻辑网络，使得不同的应用程序和服务可以在同一物理基础设施上运行而不会相互干扰，从而提高网络的利用率。

第三，降低网络部署成本。网络切片技术可以使不同应用共享同一物理网络基础设施，从而减少网络部署和维护的成本。

第四，提高服务质量。网络切片技术可以针对不同的逻辑网络进行资源配置和管理，从而为不同应用提供更高质量的服务。

除了在 5G 网络中使用外，网络切片还可以在其他网络（如云计算、物联网等）中使用。随着物联网和边缘计算的快速发展，网络切片将在更广泛的应用场景中发挥作用，成为支持数字经济发展的重要技术基础。

按照业务场景和切片资源访问对象的不同，可以将切片分为以下几种类型。

先来看基于业务场景的切片。

目前主流的方式是基于业务场景及具体的业务需求进行切片，按照这种方式，常见的网络切片有以下几种类型。

移动通信切片：将移动通信网络划分为不同的切片，为不同的移动应用场景提供特定的网络能力，以提高网络效率和用户体验。

物联网切片：将物联网设备和应用划分到独立的切片中，实现物联网设备的协同工作，同时为不同的业务应用提供不同的网络服务质量（QoS）。

工业互联网切片：将工业互联网网络划分为不同的切片，为不同的工业应用场景提供特定的网络能力，以提高工业生产效率和产品质量。

汽车网络切片：将汽车网络划分为不同的切片，为不同的汽车应用场景提供特定的网络能力，以提高汽车性能和安全性。

云游戏切片：将云游戏网络划分为不同的切片，为不同的游戏场景提供特定的网络能力，以提高游戏体验和流畅度。

AR/VR 切片：将增强现实 / 虚拟现实网络划分为不同的切片，为不同的应用场景提供特定的网络能力，以提高 AR/VR 的体验和效果。

医疗切片：将医疗网络划分为不同的切片，为不同的医疗应用场景提供特定的网络能力，以提高医疗服务的效率和质量。

视频直播切片：将视频直播网络划分为不同的切片，为不同的直播场景提供特定的网络能力，以提高视频直播的质量和稳定性。

每种切片类型都具有其特征和优势，可以为不同的应用场景提供专门的网络服务。它们可以相互独立，也可以互相连接和协同，以实现更高效、灵活和安全的网络服务。

再看基于切片资源访问对象的切片。

根据切片功能资源是否可与其他切片共享，可将切片分为独立切片和共享切片。

独立切片是指拥有独立功能的切片，网络资源经切片后，指定的用户对象群体或业务场景可获得网络侧完整的端到端网络资源和业务服务。同时，不同切片资源在逻辑上相对独立，切片资源仅可在相应切片内部被调用和提供服务。

共享切片是指切片资源仍可供其他不同的独立切片调度和使用，通过提供可共享的业务功能和服务，提高资源利用率。共享切片可以提供端到端的共享功能，也可以提供部分共享功能。

未来，5G 技术会发展得越来越成熟，网络多元化架构将成为 5G 网络的重要组成部分，而网络切片技术是实现网络多元化架构的关键方法，随着虚拟化等技术的不断发展，网络切片的价值和意义正在逐渐显现。在迅速发展的相关技术的推动下，我们所追求的万物互联终会成为现实，智慧工厂、远程医疗、自动驾驶、无人机等新兴业务也会日益成熟，给我们的生活带来极大的便利，为我们开创全新的生活模式。

移动边缘计算

移动边缘计算是一种新兴的计算模式，指在移动网络的边缘提供计算能力及 IT 服务环境。它在设备或设备附近的边缘节点上执行计算任务，可以减少对中央数据中心的依赖和对网络带宽的需求，从而提高数据传输速度，缩短响应时间。这一概念由欧洲电信标准协会（ETSI）在 2014 年提出，初衷是通过这种全新的网络架构减少核心网络设备日益增加的营运压力，同时也可以让电信运营商为用户创造独特的移动体验。

移动边缘计算的主要目标是提供低延迟、高带宽的服务，通过将网络应用程序和服务带到离用户更近的边缘位置，让用户能够更快地访问应用程序和服务。移动边缘计算也提供了更高的安全性，因为数据是在边缘设备上进行处理和存储的，不需要在整个网络中传输。

移动边缘计算的架构通常包括三个主要部分：边缘节

点、云服务和连接二者的网络。边缘节点是指在网络边缘位置放置的服务器或其他设备，这些设备可以处理和存储数据，以提供更快的响应速度和更低的延迟。云服务则指在云端运行的应用程序和服务，这些应用程序和服务可以通过边缘节点提供给用户。与边缘计算不同的是，连接二者的网络是移动网络，如 LTE、5G 等。

移动边缘计算能够应用到很多领域，如实时视频和语音通信、智能家居、自动驾驶汽车、智慧城市、虚拟现实和增强现实游戏、医疗保健和物联网设备等。它为设备提供了更短的响应时间、更高的安全性和更好的用户体验，同时也提高了系统的可扩展性和可靠性。在未来的智能化和数字化生活中，移动边缘计算具有重要的地位。

目前，一些公司已经开始在将这一技术应用于现实场景。比如，联想基于 5G SA 全新网络架构，采用 5G+MEC+C–V2X+ 中心云系统的设计，形成了以 5G 为基础的人、车、路、网、云一体的车路协同方案，促进了自动驾驶技术的创新和应用。该项目有效地提高了自动驾驶的安全性及可靠性，同时降低了自动驾驶成本，有利于构建一个智慧的交通体系，提高交通效率、节省资源、减少污染、降低事故发生率，改善交通管理，促进汽车和交通服务的新模式新业态发展。

在开拓 5G 应用场景的同时，世界上主要国家的设备商和运营商都在积极推进超高速率的宽带网络部署，加快实现宽带千兆进程和高水平全光网的建设，推动高速宽带普遍服务走向深化。近年来，各国也加强了对空间领域的应用关注与部署，将发展卫星互联网视作构筑国家竞争新优势的战略选择，加速推动了卫星通信产业的创新与发展。

新高地：卫星通信

卫星通信技术是指，以人造地球卫星为中继站来转发无线电波，从而实现两个或多个终端之间通信的通信技术。在地面信息技术发展的同时，卫星通信技术也在同步发展着。相比我们熟悉的地面通信技术，卫星通信技术有其独特的优势，比如覆盖范围更广，通信容量更大，更有利于在全球范围内建立高效的信息连接等。这也意味着，为了实现更高效、更高质量的信息传输，卫星通信技术将成为后续全球个人通信发展中不可或缺的一项技术。

根据在太空中布置的不同高度，通信卫星主要被分为三类，即低轨通信卫星（LEO）、中轨通信卫星（MEO）和高轨通信卫星（GEO）。

其中，低轨通信卫星在当前拥有更大的发展优势。因为其所处的轨道较低，所以信号在传输过程中损耗小、时延低。此外，低轨卫星的技术特征也使得其更容易与目前的地面通信技术结合，因此更容易实现商业化落地。

在结构组成方面，低轨通信卫星通信系统主要分为四个部分，分别是空间段、用户段、地面段、公用及专用网络段。常见的布局方式为，在多个轨道平面上布置多颗卫星，通过特定的通信链路将这些卫星连接起来，形成“星座”。整个“星座”相当于一个大型平台，可以形成蜂窝状的服务区服务地球用户，方便用户随时接入系统。

目前，主要的近地轨道卫星通信方案有国外的“一网”卫星星座计划、“星链”计划，国内的鸿雁全球卫星星座通信系统、虹云工程。

1. “一网”卫星星座计划

“一网”卫星星座计划采用开放式架构，建设计划分三个阶段实施：第一阶段，发射 648 颗卫星，距离地面 1200 千米；第二阶段增加 720 颗卫星，与第一阶段卫星的轨道高度相同；第三阶段增加 1280 颗卫星，运行在更高的中地球轨道。

“一网”卫星星座采用“天星地网”架构（卫星连通着用户终端和网关站，但卫星与卫星之间并没有链路），计划通过全球分布的地面站实现整个系统的全球服务能力，在军事、商业、航空航天和海洋等重要的应用领域，有广泛的应用前景。预计建成后将成为覆盖范围最广、卫星覆盖密度最高的低轨商业通信卫星系统。

2.“星链”计划

“星链”计划是美国 SpaceX 公司的一个项目，旨在打造“全球卫星互联网系统”，为世界上的每一个人提供高速互联网服务。与“一网”卫星星座计划的“天星地网”架构不同，“星链”计划采用“天星天网”架构，意图借由性能远远超过传统卫星互联网以及不受地面基础设施限制的全球卫星互联网系统，为网络服务不可靠、费用昂贵或完全没有网络的地区提供高速互联网服务，甚至在后期实现在诸如火星等环境中的应用，从而在太阳系内部署通信基础建设。

SpaceX 于 2015 年首次提出"星链"计划，2019 年 5 月将首批 60 颗"星链"卫星送入了太空，并计划在 2019 ～ 2024 年，在太空搭建由约 1.2 万颗卫星组成的"星链"网络。

目前，SpaceX 已经发射了数百颗"星链"卫星，并计划在未来几年内发射数千颗卫星，以达到完全覆盖全球的目标。与传统卫星互联网络相比，"星链"的卫星更小、更轻，且由于利用了 3D 打印和其他先进的制造技术，成本大幅下降，从而更具竞争力。

"星链"的应用前景广泛，其应用范围包括但不限于互联网接入、智能物联网、航空航天、地球观测等领域。此外，"星链"提供的高速、安全、低延迟的通信服务还可以应用于军事和国家层面。

3. 鸿雁全球卫星星座通信系统

鸿雁全球卫星星座通信系统是由中国航天科技集团有限公司（CASC）研发的一种卫星通信系统，旨在为国内和全球其他国家和地区的用户提供可靠、高效的卫星通信服务。

整个星座系统具有高带宽、低时延、高可靠性的全球覆盖等特点。与传统的地面通信网络相比，鸿雁全球卫星星座通信系统可以提供更高质量的通信服务，尤其是在没有基础设施或固定网络的地区。

鸿雁全球卫星星座通信系统在技术上实现了多项创新和突破。卫星具有自主组网和自适应通信技术，可以自主实现网络的管理和维护，同时可以快速应对不同的通信需求。此外，卫星与地面终端之间的通信采用自主寻址技术，实现了信息的点对点传输。

鸿雁全球卫星星座通信系统支持多种应用服务，包括定位、监控、测量等，可广泛应用于多个领域。例如，可以应用于智慧城市、智慧农业、环境监测等领域，以及各种交通运输场景，拥有广泛的个人和企业用户。此外，该系统还可应用于国防军事、海洋监测、灾害应急等领域。

与其他卫星通信系统相比，鸿雁全球卫星通信系统的优势在于独立自主的设计、研发和运营能力，以及高度安全保密的通信技术。这个系统极大地提升了我国在国际卫星通信领域的地位和影响力。

4. 虹云工程

虹云工程是中国航天科工集团大力推动商业航天发展的“五云一车”（飞云、快云、行云、虹云、腾云和飞行列车）项目之一。虹云工程的主要目标在于建设一个覆盖全球的低轨宽带通信卫星系统，加强中国在卫星通信领域的技术实力和全球竞争力。

虹云工程首星于 2018 年 12 月 22 日在酒泉卫星发射中心成功发射并进入预定轨道。这是中国第一颗低轨宽带通信技术验证卫星，并第一次采用了毫米波相控阵技术，可以利用动态波束实现更加灵活的业务模式。虹云工程总共预计发射 156 颗卫星，这些卫星将在距离地面 1000 千米的轨道上“手拉手”组网运行，构建一个覆盖全球的星载宽带全球移动互联网络，满足我国及国外互联网欠发达地区、规模化用户单元同时共享宽带接入互联网的需求。

虹云工程是中国抢占低轨道卫星通信系统这片蓝海的重要举措，也是我国航天技术向商业化、产业化发展迈出的坚实一步。

作为数据传输网络技术的新高地，卫星通信技术是一项极具前景的技术，吸引了各个国家纷纷在此布局。在未来的科技发展中，卫星通信技术一定会发挥更重要的作用，为人类提供更加便捷、高效和全球化的通信服务。

天地一体化网络融合与全连接

物联网是新 IT 的核心主题之一，无线连接技术是其发展的关键。对于许多应用场景中的电子产品，包括智能汽车、机器、仪表、可穿戴设备和其他消费电子产品，可靠的无线数据通信已成为物联网发展的关键推动力。包括 WiFi、蓝牙和 Zigbee 在内的短程无线技术简化了楼宇内应用程序的安装，并避免了高昂的电缆铺设成本。对于需要更长距离连接的应用程序，则需要依靠 5G 通信。

尽管 5G 通信能够提供无处不在的移动网络接入和更高速的数据传输服务，但是在偏远地区，例如山区、沙漠、远洋等，5G 网络建设和维护的成本极高，因此无法通过传统地面 5G 基站在偏远地区提供无缝的 5G 网络覆盖。

卫星通信突破了无线连接技术依赖地面网络的瓶颈，可以真正实现“全连接”。对于地面网络本身难以覆盖的场景，卫星通信是唯一可行的选择。因此，5G 网络应充分融合卫星通信，取长补短，共同构成全球无缝覆盖的天地一体化综合通信网，满足用户无处不在的各种业务需求。

早在 2017 年，英国电信集团首席网络架构师尼尔·麦克雷（Neil McRae）就对 6G 通信进行了展望，他认为 6G 将是“5G+ 卫星网络”，通过利用“无线光纤”等技术实现超快宽带，并在 5G 的基础上集成卫星网络来实现全球覆盖，6G 通信可以为用户提供网络定位标识、多媒体与互联网接入、天气信息等服务。

随着 5G 技术的日益成熟，包括 3GPP、ITU 在内的国际标准化组织成立了专门工作组着手研究卫星网络与 5G 的融合标准化问题，业内的部分企业与研究组织也投入到星地一体化的研究工作当中。目前，5G 网络已支持基站采用 5G NR 空口制式，允许终端通过卫星基站接入统一的 5G 核心网。

在新 IT 时代，呈指数级增长的终端设备和日益高速泛在的网络将带来海量数据处理需求，不断推动数字化、网络化和智能化的深入发展，极大激发人工智能、先进计算和大数据等领域的创新活力，带动技术效率呈指数级增长，而在这个过程中，数据传输网络这个“幕后英雄”一定会发挥越来越大的作用。

03

NEW
INTELLIGENT
TRANSFORMATION

第三部分

新 IT 重塑新世界

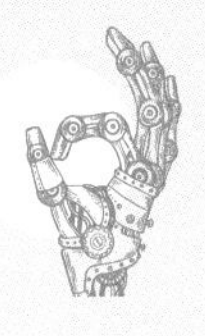

NEW
INTELLIGENT
TRANSFORMATION

| 第 8 章 |

走进人机
共生新纪元

随着新 IT 的深入发展，人类可以运用云计算、大数据、人工智能等数字化技术，赋予机器以感知、认识、理解和决策的能力，使机器更“聪明”、更了解人类的需求、更好地与人类协同创造价值，使人与机器形成更深入、更融合甚至一体化的合作关系，最终实现人与机器的和谐共处。

人机关系的大反转

在电影《超能陆战队》中，一直陪伴在人类小宏身边的那只憨态可掬的机器人大白温暖了无数人的心。这只白胖呆萌的充气机器人实际上是个医护机器人：只要对小宏进行一次简单的扫描，它就能判断出小宏的生命指数和疼痛程度，帮他治疗身体的疾病，呵护他的心理健康。对小宏而言，暖心可爱、善良忠诚的大白不仅是一个白衣天使，更是最温暖的朋友。

科幻电影承载着人们对未来的美好想象，不断尝试超越现实的边界去构建未来世界的奇幻图景。而新 IT 赋予机器以智能，使畅想中的未来人类社会的种种景象逐渐变成了现实。

在这个全新的时代，人机关系发生了根本性的转变，人机交互变为人机协作、人机一体，人与机器协同创造价值，最终实现人机和谐共生。

其实，人机关系经历了一个长期的演变过程。

远古时期，人类就迷恋造物的乐趣与成就。在各种典籍和神话故事中，都有关于人类造物的传说。比如，《列子·汤问》中记载了这样一个故事：周穆王向西巡狩时，一位叫偃师的能工巧匠向他进献了一个能歌善舞的机器人偶，其技法之高超令众人误以为是真人。《墨经》中记载了木匠鼻祖鲁班曾制造过一只木鸟，能在空中飞翔三天而不落地。

在希腊神话中，也有类似的传说，如火神赫菲斯托斯和独眼巨人曾经奉众神之王宙斯之命，为克里特国王制造了一个叫“塔罗斯”的机械巨人，这个机械巨人全身由青铜铸就，每天可以绕岛三周，用大石头投掷入侵者，所向披靡。

几千年以来，人类一直幻想能用某种工具或机械来替代人的工作，并为此付出了巨大的努力。

东汉时期张衡发明的地动仪、指南车、记里鼓车等，三国时期诸葛亮创造的能运送物资的“木牛流马”等，都能在一定程度上代替人力，降低人的劳动强度。不过，因为没有动力源，这些机械还需借助以人力来发挥作用，无法真正实现自动运行。即使有些机械借助了风力、水力等动能，也不能形成规模。

直到第一次工业革命爆发，蒸汽机这种革命性的动力源登上历史舞台，成为广泛应用的动能，机器才进入了蓬勃发展的阶段，火车、汽车、轮船、拖拉机等大型自动化机器纷纷涌现，并逐渐代替了人力。第二次工业革命又使人类进入了电气时代，电车、电报机、电话、电灯、电影放映机等先后问世。所有这些变革都有一个相同的影响，那就是机器在数量、性能和种类方面都得到了很大的发展，并在越来越多的领域代替人力承担相应的工作，同时也极大延伸了人力。

1959 年，发明家约瑟夫·恩格尔伯格（Joseph Engelberger）和乔治·德沃尔（George Devol）制造出了世界上第一台真正意义上的机器人 Unimate（尤尼梅特），能够应用于工业领域代替人从事某些工作。

信息革命时期，以计算机为代表的信息机器开始逐步承担人类的一些脑力工作，逐步成为人的脑力的延伸。但是计算机在某种程度上只能被视为一种过渡性机器，是机器从人的体力延伸到脑力延伸的过渡性机器。今天，新 IT 全要素使能下的机器，才是真正意义上的延伸人的脑力的新机器。

机器的深入发展是工业时代里程碑式的成果，从最初的提高生产效率、解放生产力的工具到拥有一定智能的机器人，机器一直在演进，而人类社会的分工、人与机器的关系也随之不断发生着改变，并在不同的阶段表现出不同的特点。

在机器诞生前的游猎时代，人类社会的分工是人与人的分工。男人和女人各自做自己更擅长的体力劳动，男人负责游猎，女人负责采摘，因为采摘的危险较小，需要的体力也小。人们根据体力的差异来进行分工，提高了整个社会的劳动生产力。

在机器出现后，尤其是在工业革命爆发后，机器发挥的作用越来越重要，人类社会的分工就开始向人与机器的分工演变。但在这一时期，人与机器的分工是主辅结构分工。人做人的事情，机器做机器的事情，而且，在所有任务中，人类通常负责“智能”的部分，而机器则负责“体能”的部分，人类负责决策，机器负责执行。尽管像计算机这样的科技产品能够承担一部分脑力工作，但是其优势也只体现在算力和信息存储方面，在与人类合作的过程中，计算机和其他机器一样处于被动地位。

因此，人和机器的关系是典型的“奴役关系”，机器是由人制造出来并由人来操作的，人拥有决策权，机器再先进，也只不过是执行人的命令的设备，无法自我生长、自我繁衍、自我进化。

到了今天，人机关系出现了大反转。过去那种人和机器的“奴役关系”正在消解，一种新的人机关系已经形成——人和机器之间不再是工具使用者和工具的关系，而是合作或伙伴关系。新 IT 对机器的赋能为这种关系注入了新的活力。

人机融合，未来已来

在 2022 年北京冬奥会上，世界各地的观众共同欣赏了由各种硬核科技元素打造的开幕式表演，观看了一场场精彩纷呈的冰雪赛事。在这场盛会上，各种酷炫的机器人也吸引了无数人的关注。

在火炬传递活动中，在上肢外骨骼机器人的协助下，北京市残疾人越野滑雪队教练员彭园园成功完成了接力。在传递过程中，她运用外骨骼机器人全程稳定抓握火炬，向周围的观众挥舞致意，并与自身手臂流畅配合，成功点燃了下一棒火炬。

在北京冬奥会延庆赛区的签约酒店里，咖啡机器人“豹大白”左右机械臂同时开工，取咖啡豆、磨粉、蒸煮、冲泡、装杯、拉花，将一杯又一杯香醇浓郁的咖啡递到了客人手中。这个与众不同的“咖啡大师”在上岗前进行了百万级数据视觉训练、30 000 小时双臂调教、3000 小时 AI 学习，确保在保证数量的同时，品质也始终如一。

在北京冬奥村，特殊的“保安”——名叫 ANDI 的智能全地形安防巡检机器人发挥着巨大的作用。这款红眼睛、长脖子的安防机器人能巡检 3 万米 [2] 的区域，可以替代 3 个保安的工作，能在人无法到达的、危险的地方进行防火、防化、防爆等安防巡查，能利用 AI 算法将现场的综合监控信息实时反馈给安保监控平台，并且从不知疲倦，永远保持警惕。

除了承担安保工作，ANDI 还兼任“智能防疫守门人”。它能对人体进行精准测温，会及时提醒没有戴口罩的人，并且搭载了 20 升容量的消毒桶，能在规定区域内完成智能自主消毒喷洒任务。

在北京冬奥会上，各种迎宾引导、后勤服务、数字传播、安全保障、物流运输机器人不知疲倦、不怕危险、毫无怨言地工作着，它们各司其职、各显其能，为赛事的顺利进行、圆满落幕做出了不小的贡献。

这正是新 IT 赋能机器所带来的人机共生的一个缩影。

随着新 IT 的深入发展，人类可以运用云计算、大数据、人工智能等数字化技术，赋予机器以感知、认识、理解和决策的能力，使机器更“聪明”、更了解人类的需求、更好地与人类协同创造价值，使人与机器形成更深入、更融合甚至一体化的合作关系，最终实现人与机器的和谐共处。

1979 年冬天，24 岁的乔布斯拜访了施乐的帕洛阿尔托研究中心，当时，施乐是盛极一时的科技巨头。在帕洛阿尔托研究中心，他看到了施乐最新研发的图形用户界面，与当时广泛应用的、单调乏味的文本命令行界面比起来，图形用户界面的程序图标、窗口化、下拉菜单和图像效果实在是太绚丽了，乔布斯感到十分震撼。《史蒂夫·乔布斯传》中描述了乔布斯当时的感受：“仿佛蒙在我眼睛上的纱布被揭去了一样……我看到了计算机产业的未来。”

现在我们所看到的，同样是即将到来的未来。正如工业和信息化部副部长辛国斌在 2021 年世界机器人大会开幕式致辞中所说的那样，“从浩瀚太空到万里深海，从工厂车间到田间地头，从国之重器到百姓生活，我们正步入与机器人和谐共处的缤纷多彩新世界”。

全新物种：灵长类机器

2015 年，我（吴伯凡）与《连线》杂志创始主编凯文·凯利（Kevin Kelly）进行过一场对话，当时凯利提出了一个令我印象深刻但又稍感迷惑的观点：“不要把人工智能狭隘地理解为机器人，与机器密切相关但比机器的智能更强大的智能，是一种人机化合的智能，我们可以把它称为网络智能，也可以叫它云智能——把机器与机器、人与人同时连接起来后呈现出来的智能。”

当新 IT 浪潮汹涌而至时，我才真正明白了凯利到底在说什么。

以蒸汽机为代表的 1.0 版机器，是“四肢”远比人类发达但“脑力”为零的“大力士”，它们高效地“外包”了人类的体力工作。在新 IT 时代，以机器人、3D 打印机、超级计算机为雏形的新机器带来了人类脑力工作的大量外包。这种“灵长类机器”是一个全新的“物种”，其真正的特性不仅在于它们具有脑力，更在于它们的脑力能够以巨大的加速度持续进化。

新机器大爆炸、大裂变式的脑力增长将不断释放令人震惊的生产力，在诸多方面将不断让人类自叹弗如。

比如，按照摩尔定律，新机器将会在硬件、数据收集能力和算力上不断快速迭代。人类却没有这样幸运。我们的硬件不仅不会持续更新，反而会在性能到达一个顶峰后，开始不断衰退。同时，硬件性能的衰退还会导致算力的不断递减。尽管我们生命中的每一天都在搜集数据，但是相较于人工智能而言，我们搜集数据的速度还是要慢得多。

围棋大师李世石在与 AlphaGo 人机大战后，筋疲力尽，回到住处倒头就睡了，但是 AlphaGo 却在这段时间里又下了 100 万盘棋。当第二天的晨曦映照大地时，李世石还是昨天的那个李世石，而 AlphaGo 却已不再是昨天的 AlphaGo。

在算法优化上，人类能够通过阅读、学习和经验总结不断刷新自己的算法，但是刷新的速度与新机器相比却是天壤之别。AlphaGo 是在参考了大量的人类棋谱，并自我对弈了约 3000 万盘棋、训练数月后，以 4 ：1 的战绩击败李世石的。随即，谷歌新开发的 AlphaGo Zero 就以 100 ：0 的战绩击败了自己的“兄长”——“集人类大成者”的 AlphaGo。

2017 年年底，AlphaGo Zero 还曾与一个名为 Stockfish 8 的程序对弈，后者是 2016 年的国际象棋冠军，每秒能计算 7000 万次走法，且累积了此前人类几百年的国际象棋经验和几十年的计算机象棋经验。AlphaGo Zero 每秒只能计算 8 万次走法，而且事先没有学习任何的国际象棋规则，它运用的是最新的机器学习原理，通过不断与自己下棋学会了国际象棋的规则（这个过程仅耗时 4 小时）。在接下来的对弈中，它以 28 胜、72 平的战绩大比分获胜，碾压了 Stockfish 8，也碾压了几百年的人类经验。

借用阿根廷作家博尔赫斯的一部小说名来表述，学习过程像是行走在一个“小径分岔的花园”，充满了各种可能性。通常而言，人类的做法是先随机选择一条道路，这个过程充满了偶然性，一旦发现某个选择有效，此后便会一直重复走同一条道路，很少尝试其他道路。

人工智能则能够在很短的时间里穷尽每一种走法，并从中选出那条更为方便和简捷的路径。可见，不仅在运算速度上人工智能远超人类，在算法优化方面我们也难以望其项背。

正因为如此，在工业、医学和其他垂直领域，新的智能机器已经开始代替人类去完成一些对智能程度要求很高的任务，而它们在任务中表现出的创新力和洞察力常常令人惊叹不已。

安德鲁·麦卡菲（Andrew McAfee）和埃里克·布莱恩约弗森（Erik Brynjolfsson）在其著作《人机平台：商业未来行动路线图》中讲述了两个很有代表性的案例。[1]

第一个案例是关于智能机器设计汽车底盘的。

知名工业软件企业欧特克（Autodesk）从 2013 年开始，就与洛杉矶的一批汽车设计师和汽车特技司机合作，尝试建立一个智能设计系统，这个系统可以从头开

[1] 麦卡菲，布莱恩约弗森 . 人机平台：商业未来行动路线图 [M]. 林丹明，徐宗玲，译 . 北京：中信出版集团，2018.

始设计汽车底盘，并自主确定底盘所需的性能指标。

在项目过程中，项目团队先造了一辆简版的传统赛车，这款赛车只包含最基础的底盘、变速器、发动机、座椅和车轮。底盘上布满了各种传感器，用于测量相关数值。

项目团队将这辆简版的赛车带到了一片沙漠中，让一名特技司机驾驶它。为获得尽可能多的数据，在不发生碰撞的前提下，司机需要竭尽所能地进行各种高难度的驾驶操作，比如全力加速、紧急制动和转向等。

测试最终获得了大约 20 000 个有关汽车结构和受力等方面的数据点，这些数据点被置入智能设计系统中，用于开发底盘的 3D 模型。最后生成的结果让团队成员特别吃惊，如果知道设计的是一个赛车底盘的话，还可以勉强认出底盘的形状。但是对不知情者来说，这个东西更像是某种动物的骨架。

一开始，对于这个结果，团队在意外之余是感到很失望的，因为这和人类社会中常见的底盘形状相差实在太大，该系统似乎完全没有理解汽车底盘设计的原理。

但是在做了一番研究和分析后发现，系统设计的其实才是真正合理的底盘。

骨骼结构是自然界进化的结果，进化过程本身就是一个极为精妙的设计过程，一个个复杂又神奇的有机体都是经过这个过程才诞生的。对称的、简洁的底盘结构广为流行，并不是因为其性能有多出众，只是因为人类的生产技术有限，无法实现复杂如骨骼结构那样的精巧设计而已。

事实上，在不同的行驶环境中，汽车底盘的两侧受力有很大的不同，人类汽车设计师早就发现了这个问题，只是受限于惯性思维和既有生产体系下的实现难度，他们压根就不会去考虑不对称的底盘结构。

但是，智能设计系统是完全根据数据进行设计的，它们没有人类大脑中各种条条框框的限制，没有人类日积月累形成的偏见和盲从，于是便设计出了最适合特定环境的汽车底盘。

这一案例让我们意识到，智能机器的数字化创新并不是对人类已有方案的简单模仿和改进。除了能在人类已有成就的基础上进行组合和延伸外，机器还能给出很多人类难以想象的精妙创意。一旦智能机器掌握了人类过往积累的各种科学和工程学相关的知识，并拥有足够的数据，它们必定能够产生很多我们难以预测的新颖方案。

第二个案例发生在医疗领域。

同样是在 2013 年，IBM 带着自己的人工智能产品沃森（Watson）与贝勒医学院的生物学家展开了一项有关癌症科学假设的研究。研究任务是基于过往的研究内容，寻找一种能够激活 p53 蛋白的激酶，这种蛋白能够抑制癌细胞生长。

实验团队让沃森“阅读”了 2003 年以前针对该主题公开发表的 7 万篇科学论文，然后要求沃森预测可以激活或关闭 p53 蛋白活性的激酶，沃森最后给出了 7 个假设选项。

接着，实验团队根据 2003 ～ 2013 年这 10 年期间人类自己得出的科学理论来检验沃森提出的假设，看看其中有哪些可以通过人类得出的理论的审核和实验验证。结果是，沃森提出的 7 种候选激酶都激活了 p53 蛋白。沃森是在很短的时间里给出这 7 个假设选项的。而在过去的 30 年里，人类在这一领域的科学研究每年大约只能发现一种激酶。这种巨大的差距，也能让我们意识到机器在特定智能领域的潜力。

事实上，不只是上述这些特殊行业，新机器的影响正逐步蔓延到普通人的日常生活中。比如，我们手机中的很多 app 都用上了人工智能技术，能够综合我们过往的数据，绘制我们的喜好特征，然后主动给我们推荐很多东西。我们现在经常会难以自制地刷很长时间的短视频，或者总是忍不住买买买，都是拜它们所赐。在这些过程中，我们也能隐约感觉到，智能产品在人机关系中正在逐步掌握更多的主动权。

从某种程度上来说，当下我们正在经历一场新机器的寒武纪大爆发。

丰田首席科学家吉尔·普拉特（Gill Pratt）最先提出了“机器人寒武纪大爆发”的概念，在他看来，计算、数据存储和通信等技术的发展，推动了多样化和高适用性机器人的爆发。

埃里克·布莱恩约弗森和安德鲁·麦卡菲对这一议题进行了更为深入的调查和研究，他们将新机器的爆发原因归结为数据、算法、网络、云计算和硬件设备方面的进步，认为正是由于这几个领域各自的技术突破和相互连接，推动了智能机器的快速发展。

在摩尔定律的驱动下，价格不断下跌、性能不断提升的硬件设备激活了更高速度的创新和实验，产生了大量的数据。这些数据被用于测试和优化算法，帮助系统进行学习。同时算法被置于云端，并通过强大的网络分发到各个机器。接着创新者又开展下一轮的测试和实验，周而复始，形成了一个正循环。这一变革趋势也被称为“机器之舞”，也叫“连接之舞”。

埃里克·布莱恩约弗森和安德鲁·麦卡菲还提出，我们正处于一个重大变革的转折点上，这是一次可以与工业革命媲美的，能够使人类历史发展进程发生急剧变化的新机器革命。

在这场机器革命中，智能机器的发展大致会经历弱人工智能和强人工智能两个阶段。

弱人工智能，又称应用型人工智能，指那些专注于解决特定领域问题的人工智能，它们在特定领域具备远超人类的智能，但是也只能解决所规定领域的问题，有点类似于人类社会中的“白痴天才”。我们今天看到的所有人工智能都属于这一范畴。以 AlphaGo 为例，尽管它在围棋对弈中赢了人类世界的围棋冠军，但是它的能力也仅仅体现在围棋领域，甚至都没有移动棋子的能力，需要人类棋手帮它实现棋子移动。面对这种智能机器时，人类更多地将其视为一种工具，威胁感不是很强。

强人工智能，又称通用型人工智能，指可以胜任人类所有工作的人工智能。这其实也很难定义，大致就是它基本上和人类一样，人类能够完成什么任务，它就可以完成什么任务，甚至比人类做得更好。一旦智能机器具备了这样的能力，那么所有人类的工作便都可以交由人工智能来完成。从乐观一点的视角看去，人类将会真正从繁重的劳动中得到解放，可以坐享其成，让机器人为人类服务。

这个状态有点类似于古希腊时期。有些史学家认为，古希腊文明其实是建立在奴隶制基础上的，雅典人之所以能够悠然自得地在大街上讨论政治和哲学问题，发展各种艺术和文化，很大程度上是因为有大量的奴隶承担了许多繁重的工作，让雅典公民得到了最大限度的解放。

在强人工智能的基础上，如果人类真的能够从繁重的工作中被解放，那么我们的艺术、文化和哲学可能又会迎来新的发展与繁荣。

重建人机生态，与新机器和谐共处

在技术发展的历程中，悲观的声音与乐观的声音始终如影随形，有多少人积极地看待创新引发的正面变革，就会有多少人消极地阐述技术带来的负面影响：未来，如果智能机器真的会发展成比人类更高级的生命形态，人类会不会被它们奴役？如果“赛博朋克”预言成为现实，是否意味着纯生物人类将会逐渐灭绝？

包括英国已故物理学家霍金和美国知名企业家埃隆·马斯克在内的很多名人都对智能机器的发展抛出过威

胁论。霍金认为人工智能技术的盲目发展可能导致人类灭绝；马斯克也认为，如果不谨慎对待智能技术，人类可能会变成智能机器的宠物。

关于这些问题，现阶段还很难有一个准确的预测和绝对的定论，但是可以确定的一点是，人们担心会对人类造成致命威胁的智能机器，基本上需要达到强人工智能的水平。

毋庸置疑，弱人工智能已经在诸多领域取得了很大的发展成就，ChatGPT 的爆火就是一个很好的例证。作为人工智能聊天机器人程序，ChatGPT 可以根据上下文和整体语境，就具体问题主动进行推理和预测，然后用自然语言组织内容并输出。这使得 ChatGPT 与用户的交流类似于人与人之间的交流，给用户带来了极大的惊喜。但是，从弱人工智能到强人工智能的发展，依旧充满阻碍。

一个显而易见的事实就是，尽管智能机器能够击败人类围棋世界冠军，但是很难代替手机生产线上的普通工人。今天的智能机器的确在智能决策领域已经超过了人类，但是它们还无法像人类这样，将决策智能、感知智能和运动智能灵活地结合起来，而且要实现这一点的难度远高于仅仅在决策智能领域实现突破的难度。

想要在现有的弱人工智能基础上更进一步，事实上不能单单依靠人工智能这一个领域的进步，还需要在包括物理学、工程学、生物学在内的其他领域也取得重大的技术突破，才可能实现智能机器的关键迭代。

在这里，我们也希望给大家呈现一种独特的视角，为大家在看待智能技术可能引发的社会变革和由此形成的全新人机关系时，提供一些参考。

我们可以对人工智能的出现做一次更久远的回溯。事实上，早在文明出现之前就已经存在某种意义上的“人工智能”了，这种“人工智能”就是狗。

今天，我们在任何一个搜索引擎上搜索“人类的好朋友”几个字，在结果里都会出现一大堆有关狗的图片。狗是人类的好朋友，也是人类最古老的朋友。据考证，大约在距今 1 万多年前，人类可能就已经完成了对狗的驯化，这一事件对后续人类文明的发展也产生了重要影响。

在很早之前的某个时期，在欧亚大陆上，同作为大型捕猎者的人和狼这两个群体之间自然形成了强烈的对立。

但在这种长期对立中，一些改变在逐渐发生。

狼群中总有一些弱狼，它们在狼群中地位很低，无法参与到捕猎活动中。当整个狼群捕获到一只猎物后，它们可能什么都吃不到，因为那些健壮的狼会将猎物吃得干干净净，连骨头都不剩。

人类因为身体构造的原因，不可能把猎物吃得特别干净，猎物的很多部位都会被扔掉。所以，狼群中的一些弱狼就开始慢慢靠近人类的营地，去捡食那些被人类扔掉的东西。

随着时间的推进，这些弱狼与人类形成了一种协同进化，它们出于保护自己的利益，会主动帮助人类。比如，在人类的营地面临其他动物的袭击时，它们能够率先感觉到，并且提前用叫声发出警告。人类也逐渐意识到这些动物似乎没有恶意，开始主动接近它们，然后有针对性地进行人工驯养，最后狗便被驯化出来了。

狗的驯化，至少给人类带来了四个方面的助益。首先，狗能够给人类提供安全保卫，因为它们有更敏锐的嗅觉和听觉，所以能够在危险到来之前意识到危险，并给人类报警，让人类早做准备。其次，狗可以作为人类打猎时的工作伙伴，在打猎的过程中，狗的速度、嗅觉和听觉都会弥补人类的不足，大大提升了人类的工作效率，提高了人类获得的资源总量。再次，在一些高纬度地区，下雪之后，狗拉雪橇为人类提供了一种独特的交通运输方式，让人类能够在雪天快速移动。最后，也是当下很普遍的，就是狗能够给人类提供情感慰藉。

狗与人之间，并不是一种简单的主仆关系。在现代社会之前，狗并不是纯粹的宠物，而是人类极佳的帮手。因为狗在一些领域具备超过人类的智能，比如能够用嗅觉和听觉对场景进行洞察。与此同时，它们的这些优势，并没有让人类感觉到威胁，反而成了人类的资源。人与狗形成了一种利益共同体，双方在这个利益共同体当中获得的资源，远远多于各自单独所能获得的资源。

除了狗以外，还有一种动物也可以被视为早期的人工智能，这种动物就是马。

考古学家认为马是在距今 5000 ～ 6000 年前被人类驯化的。中国有个成语叫“老马识途”，指人在迷路不知道该如何走的时候，会让马来做判断，让马带着人走。由此，我们能够看到，马在当时就已经在部分程度上提供GPS 导航的功能了，所以在这个领域它的智能显然是高于人类的。

马在人类的战争史中也扮演着重要的角色。进入铁器时代后，人、马和铁三者组合成了全新的作战工具，是坦克出现之前的最强战争机器。自古以来，骑马民族在作战中常常享有极大的优势。在雅利安人对印度的征服、周武王东进打败商朝、秦国统一六国、蒙古人横扫欧亚大陆等事件中，人马联合都发挥了重要作用。

汉语中有“犬马之劳”一说，从人工智能的视角来看，这个成语的出现并非偶然。和其他被人类驯化的动物不同，犬和马的独特之处在于，它们能够与人类建立良好的沟通，能够和人类开展智力层面的互动。只有能够实现这种沟通和互动，才称得上是“犬马之劳”。

由此，我们也可以对人工智能下一个独特的定义。所谓人工智能，就是由人培养和造就的，能够与人进行高带宽智能互动的生命体，它们能够大幅度增强人类的智能，与人类联合形成强大的智能共同体。

工业革命以后，能源动力驱动的机器开始大范围进入人类生活，逐步取代了“犬马之劳”。狗越来越成为一种情感寄托，而马的存在感则越来越弱。但是，此前的机器在智能上与狗和马还是相差很远的，因为它们只能被动地执行命令，无法主动获取数据，进而形成判断、决策甚至是方案，更不可能与人展开高带宽智能互动。

今天正在发展的新机器，是对标人类而发展的。新机器威胁论的本质，其实就是思考我们该如何处理与灵长类机器的关系，如何应对灵长类机器可能导致的威胁。面对这类问题时，我们不妨从人类的祖先处借鉴一些经验。

我们要做的不是畏惧与排斥智能技术的发展，而是从过去的人犬联盟和人马联盟中获得启发，学会与灵长类机器形成联盟，进而获得巨大的竞争优势。

尽管灵长类机器不会像经典人机关系中的机器那样甘当人类的奴隶，却也并不意味着它们一定会成为凌驾于我们之上的主人。未来的灵长类机器更可能会成为我们的朋友，它们无疑会在很多方面领先于我们，而我们要做的就是把它们的优势变成我们的优势，通过改变我们自身和调整灵长类机器，形成一种新的利益共同体。

在这个过程中，我们应该超越绝对的积极与消极、纯粹的乐观与悲观，看到智能机器“尺有所短”，也意识到人类自身“寸有所长”，在一些领域优雅地放手、退位，在一些显而易见的“极端不对称”中发现智能机器的软肋，找到隐秘的逆袭点和平衡点，我们就能重建人机生态，在“新寒武纪”中与众多新物种和谐相处。

NEW
INTELLIGENT
TRANSFORMATION

| 第 9 章 |

从“制造”到“智造”的智能蝶变

十几年前，当整个欧洲在债务危机的泥潭之中痛苦挣扎时，德国却凭借“工业 4.0”战略和强大的制造业保持着良好的经济发展势头，并且在新一轮工业革命中占领了先机。今天，新 IT 将成为“中国制造”向“中国智造”跃迁的重要推手，成为中国制造业“数智化”破局的关键。我们有理由相信，中国制造业的奇点已经到来。

从“中国制造”到“中国智造”

对于“中国制造”（Made in China），很多人都不陌生，可以说，这是人们最熟悉的一个标签，也是中国在全球认知度最高的一个标签。改革开放以来，中国制造业凭借着低廉的自然资源和人力资本优势，不断扩大规模，“中国制造”遍布世界各国，在从针头线脑、服装鞋袜到家居家电、大型机械的大小产品上都能找到它的身影，中国也因此被称为“世界工厂”。

然而，令人遗憾的是，在很长一段时间里，“中国制造”又是低质、廉价的代名词，我们的很多产业都在全球产业链中处于低端，高端产品、尖端技术始终被国外大型科技公司垄断。

要想破解中国制造业面临的难题与困境，从“中国制造”转向“中国智造”成为必然选择。

“中国制造”与“中国智造”，虽然只有一字之差，含义却天差地别。“中国智造”，顾名思义就是中国的智能制造。国家工信部在《智能制造发展规划（2016—2020年）》中将智能制造定义为：“智能制造是基于新一代信息通信技术与先进制造技术深度融合，贯穿于设计、生产、管理、服务等制造活动的各个环节，具有自感知、自学习、自决策、自执行、自适应等功能的新型生产方式。”

那么，为什么要推进智能制造呢？这主要基于以下几方面的原因。

1. 制造业在国民经济中拥有独特地位

制造业是我国国民经济的重要支柱之一，也是我国经济增长的重要引擎之一，其在国民经济中的地位主要体现在以下几个方面。

第一，制造业是我国经济的主要产业之一，对国内生产总值的贡献率较高。经济的高速发展离不开制造业的支撑。

第二，制造业是我国重要的出口产业，在对外贸易中发挥着重要作用。我国是世界上最大的制造业出口国之一。

第三，制造业是我国就业的主要行业之一，制造业的就业人数在全国就业人数中的占比很大，对稳定就业和提高人民生活水平起到了重要作用。

2. 智能制造能推进产业升级和转型

我国的制造业正在经历从“大而粗”到“小而精”的转型升级过程，而智能制造可以帮助制造业企业实现生产方式、组织模式、产品设计等方面的转型升级，以适应新的市场需求。

此外，智能制造涉及信息技术、自动化技术和机械制造技术等多种技术，推进智能制造既可以促进不同领域的技术创新和协同发展，也可以推动对大量高素质科技人才的培养，这也为产业的升级与转型提供了充沛的动力。

3. 企业的可持续发展离不开智能制造

从企业的角度来说，智能制造也有着重要意义，这主要体现在以下几个方面。

第一，智能制造能提高生产效率。智能制造可以实现生产全过程的自动化、数字化和智能化，提高生产效率和降低成本。通过应用自动化、机器人、物联网等技术，可以减少人力资源成本，降低生产成本，提高生产效率。

第二，智能制造能提高产品质量。智能制造可以实现产品生产全过程的数字化和智能化，实时监测生产过程中的各项指标，并及时做出调整，从而提高产品的一致性和质量，提高客户满意度。

第三，智能制造能加强供应链管理。智能制造可以通过数字化技术对供应链进行管理和优化，提高供应链的效率和可靠性，降低企业的供应链风险。

第四，智能制造能改善员工工作环境。智能制造可以通过让机器人和自动化设备承担危险和重复性的工作，改善员工工作环境，提高员工生产效率和安全性。

第五，智能制造能推动创新发展。智能制造技术的应用可以激发企业的创新意识，推动企业进行技术创新和管理创新，不断推出新产品、新服务和新模式，从而拓展市场和提高收益。

第六，智能制造有助于提高管理效率。智能制造能帮助企业实现信息化和数字化管理，对企业的生产、质量、物流和库存等数据进行实时监控和分析，提高企业的管理效率和决策水平。

由此可见，对企业来说，智能制造已成为一个必然的发展方向。经过数十年的艰难跋涉与持续探索，我国很多企业更加懂得了历史发展的不易和今日转型的意义——唯有转型升级才能不败，智能化转型势在必行。

因此，无论是从国家发展的角度，还是从产业升级、企业可持续发展的角度，推进智能制造都已经不再是一道“选择题”，而是与生存和长远发展紧密相关的“必修课”。

面对我国制造业和企业的转型和升级需求，越来越多的有识之士把目光转向了新 IT。因为智能制造需要的不仅仅是从传统硬件设备到智能设备的升级换代，更是包括物联网设备、基础设施和智能应用在内的全套智能化解决方案，而企业和行业的智能化转型方案不可避免涉及“端－边－云－网－智”五个方面，以及包括对应的顾问、实施、运维在内的全方位服务。

正因为如此，新 IT 在企业智能化转型和制造业向“中国智造”升级的过程中发挥着越来越重要的作用，甚至逐渐成为核心引擎，释放出澎湃的动能。

十几年前，当整个欧洲在债务危机的泥潭之中痛苦挣扎时，德国却凭借“工业 4.0”战略和强大的制造业保持着良好的经济发展势头，并且在新一轮工业革命中占领了先机。今天，新 IT 将成为“中国制造”向“中国智造”跃迁的重要推手，成为中国制造业“数智化”破局的关键。我们有理由相信，中国制造业的奇点已经到来。

智能工厂是如何炼成的

破冰之旅，总要有人率先启航。2021 年 9 月，世界经济论坛正式发布了新一期全球制造业领域“灯塔工厂”名单。“灯塔工厂”是由达沃斯世界经济论坛和麦肯锡咨询公司共同遴选的“数字化制造”示范者，代表当今全球制造业领域智能制造和数字化最高水平，被称为智能制造领域的“奥斯卡”。这一期的“灯塔工厂”数量新增至 90 家，中国占了 31 家，其中宁德时代成为全球动力电池行业首家获得认证的“灯塔工厂”。

宁德时代塑造“灯塔工厂”的过程，也是新 IT 背景下各企业相互协作、实现智能化转型的一个经典案例。

2020 年以来，随着政策、产业、技术研发等大环境的发展，新能源汽车赛道迎来了爆发式增长期。动力电池是新能源产业中的关键一环。近几年随着新能源汽车市场的爆发，动力电池的市场需求进入高速增长期。2021 年 12 月 28 日，在锂电池产业供应链安全困局如何破解企业家峰会上，中国电池产业研究院院长吴辉预计，2025 年全球动力电池需求量将达到 1268.4GWh，2030 年这一数字将达到 3083.5GWh，比 2025 年翻一番。

作为全球最大的动力电池企业，宁德时代在迎接市场机遇的同时，也面临诸多成长带来的烦恼。在火热的市场背景下，快速响应市场需求、高品质交付、绿色极限制造将成为新能源行业玩家的核心竞争力，因此，智能化转型成为包括宁德时代在内的很多新能源企业的必经之路。此外，由于动力电池的生产属于离散型制造，宁德时代面临着制造工艺复杂、生产流程冗长、标准化程度低、质量检测低效等问题。因此，引入物联网、大数据和人工智能等技术，实现对工艺的高精度控制、优化生产线、降低产品缺陷率，已经成为宁德时代的迫切需求。

为了实现智能化转型，宁德时代与包括英特尔、第四范式和联想在内的多家数字化转型服务商展开了合作。比如，宁德时代与第四范式合作，打造了快速落地的人工智能平台，将AI技术融入电池生产线，实现了对生产制造各个环节的智能化管理。

通过与英特尔和联想合作，宁德时代拥有了一套基于人工智能的机器视觉检测系统，用在其产线侧的卷绕系统及电池质检场景中。利用基于“联想大脑”开发的

LiCO Brain 人工智能推理平台，结合 AI 推理加速引擎技术与边缘计算技术，大大提高了缺陷检测的效率。

作为宁德时代早期的数据中心运维合作伙伴，联想凭借其在 IT 能力上的完整布局、对制造业场景的深入理解以及丰富的国际化经验，为宁德时代提供了涵盖新 IT“端 – 边 – 云 – 网 – 智”全要素的产品、技术和服务，支持其实现从研发、生产、供应、销售到服务的全价值链的高效运营，为宁德时代的智能化转型提供了全方位、深层次的引领和支持。

比如，联想凭借其对 SAP HANA 数据计算平台的深入了解，帮助宁德时代解决了 SAP HANA 与 MES 系统的融合问题，并且协助宁德时代完成了 SAP HANA 服务器系统在全国的建设和部署，通过智能基础架构的升级，实现了全球工厂数字化底座的统一化。此外，联想还通过基于 xCloud 混合云的容器原生平台，配合自动化运维平台、配置管理平台、网络自动化平台等，助力宁德时代实现了敏捷运营和智能决策等目的。通过与其他服务商合作，联想还为宁德时代提供了晨星 AR 远程协作系统，以及双目 AR 设备、平板电脑、远程通信等，并通过虚实融合远程指导、远程控机，解决了远程建厂、工程管理与运维方面的难题。

通过一系列的合作与变革，宁德时代实现了自我提升和蜕变，也成了全球首个获得“灯塔工厂”称号的动力电池企业。

宁德时代这个智能制造样本让我们清晰地看到了企业的智能化转型之路应该怎么走，同时也让我们更直观、更深入地理解了新IT是如何赋能中国智造的。

智能制造是一个庞大繁杂的系统工程，要从产品、生产、模式、基础四个维度深刻认识、系统推进，智能产品是主体，智能生产是主线，以用户为中心的产业模式变革是主题，CPS（Cyber-Physical System，信息物理系统）和工业互联网是基础。

其中，CPS可以将数字世界和物理世界联系在一起，创建一个真正的CPS世界，在这个CPS世界中，智能目标之间可以互动交流。工业互联网是数字世界与机器世界的深度融合，其实质也是数字化和工业化在全产业链、全价值链中的融合集成应用，是支撑智能制造的关键基础设施。CPS 和工业互联网将企业的产品设计、制造过程和优化管理集成起来，实现技术流程和业务流程的融合，具有灵活性、自适应性，拥有学习、容错和风险管理等功能，在产品制造质量、时间、成本等方面有着巨大的竞争优势。

那么，究竟应如何理解 CPS 和工业互联网呢？接下来，我们对其进行详细介绍。

CPS

CPS 偏向生产设备层面，是数字化和工业化深度融合的一套综合技术体系，这套综合技术体系包含硬件、软件、网络、工业云等一系列信息通信和自动控制技术，这些技术的有机组合与应用，构建起一个能够将物理实体和环境精准映射到数字空间并进行实时反馈的智能系统，作用于生产制造全过程、全产业链、产品全生命周期，重构制造业范式。

CPS 通常由感知层、控制层和应用层三部分组成。感知层通过传感器获取物理世界的信息，包括温度、湿度、压力等，然后将这些信息传输到控制层。控制层对这些信息进行处理，并根据预先设定的规则和策略，控制执行器对物理世界进行干预和调控。应用层则是 CPS 的用户界面，通过与用户交互，将物理世界的信息和控制结果反馈给用户。

从本质上来说，CPS 将物理世界和数字世界结合起来，在两者之间构建了一个基于数据自动流动的能够感知状态、实时分析、科学决策、精准执行的闭环赋能体系，用以解决生产制造、应用服务过程中的复杂性和不确定性问题，实现资源的优化配置。

CPS 具有以下五个特征。

第一，数据驱动。

在工业生产的各个领域中都存在着海量的数据，其中有很大比重的数据是隐性存在的，其价值没有得到人们的重视，更没有被挖掘和利用。CPS 可以利用传感器和其他采集设备对这些数据进行收集，通过算法、模型和实时控制方法等对这些数据进行分析、处理，将其源源不断地转化为有价值的信息，并不断迭代优化，形成知识库。

在这个过程中，数据是一切行为的基础，在自动生成、自动传输、自动分析、自动执行的过程中，数据被大量累积起来，并不断迭代优化，最终实现质变、聚变，为科学决策以及资源的优化配置提供支持。

第二，以软件为载体。

在面向制造业的 CPS 中，软件是实现其功能的重要载体。从生产流程的角度来看，研发设计、生产制造、管理服务等各个流程和环节都会用到 CPS，CPS 能够通过对人、机、料、法、环的全面感知和控制，促进各类资源的优化配置。在这个过程中，软件发挥着重要的作用，它不但能控制设备运行和产品输出，对其状态进行实时展示，而且能通过分析、优化，作用于产品和设备，实现其迭代优化。

第三，泛在连接。

网络通信是 CPS 的基础保障，能够实现 CPS 内部各单元之间以及与其他 CPS 之间的互联互通。在应用到工业生产场景时，CPS 对网络连接时延、可靠性等网络性能和组网灵活性、功耗都有特殊要求，还必须解决异构网络融合、业务支撑的高效性和智能性等挑战。随着5G网络、射频识别、信息传感等信息通信技术的发展，网络通信将会更加全面深入地融合数字空间与物理空间，表现出明显的泛在连接特征，实现任何人、任何物在任何时间、任何地点都能顺畅地通信。构成CPS的各器件、模块、单元等实体都要具备泛在连接能力，并实现跨网络、跨行业、异构多技术的融合与协同，以保障数据在系统内的自由流动。泛在连接通过对物理世界状态的实时采集、传输，以及信息世界控制指令的实时反馈下达，提供无处不在的优化决策和智能服务。

第四，数实映射。

CPS在数字空间与物理空间之间构筑了一条数据交互的闭环通道，能够实现数字虚体与物理实体的交互联动。以物理实体的静态模型为基础，通过实时数据采集、数据集成和监控，动态跟踪物理实体的工作状态和工作进展（如采集测量结果、追溯信息等），将物理空间中的物理实体在数字空间进行全要素重建，形成具有感知、分析、决策、执行能力的数字孪生。同时，借助信息空间对数据综合分析处理的能力，形成针对外部复杂环境变化的有效决策，并通过以数控实的方式作用于物理实体。在这一过程中，物理实体与数字虚体交互联动，数实映射，共同作用提升资源优化配置效率。

第五，系统自治。

CPS 能够将感知到的环境变化信息，在数字空间进行分析处理，自适应地对外部变化做出有效响应。同时，在更高层级的 CPS 中，多个 CPS 通过网络平台互联实现自组织。多个单元级 CPS 通过统一调度、编组协作，以及生产与设备运行、原材料配送、订单变化之间的自组织、自配置、自优化，实现生产运行效率的提升、订单需求的快速响应等；多个系统级 CPS 通过统一的智能服务平台连接在一起，在企业级层面实现生产运营能力调配、企业经营高效管理、供应链变化响应等更大范围的系统自治。在自优化、自配置的过程中，大量现场运行数据及控制参数被固化在系统中，形成知识库、模型库、资源库，使得系统能够不断自我演进与学习提升，从而提高应对复杂环境变化的能力。

CPS 的应用领域非常广泛，比如智能交通、智能制造、智能家居等领域。在智能制造方面，CPS 可以对制造过程进行智能化监控和控制，提高生产效率和产品质量。在智能家居方面，CPS 可以通过传感器监测家庭环境，远程控制家庭设备，实现智能化的生活。

CPS 的出现标志着物理世界和虚拟世界的融合，其应用将给我们的生活带来越来越多的便利和智能化。

工业互联网

工业互联网是一种将生产设备、传感器、机器人等物理设备与互联网连接起来的技术和商业模式，它可以实现设备之间的数据交换和互联互通，通过数据采集、分析和应用来优化生产流程，提高生产效率，降低成本，提高产品质量，更好地满足客户需求，实现可持续发展。

工业互联网平台是工业互联网的核心组成部分，也是智能制造的重要基础设施，它能利用新一代数字技术，推动制造业的数字化、智能化转型。工业互联网平台是一个开放的平台，可以连接各种设备、系统和应用程序，实现数据采集、存储、处理和分析，以及数据在不同设备和系统之间的传输和共享。工业互联网平台还提供了各种服务，如安全管理、设备监控、数据分析和可视化等，帮助企业实现生产流程的数字化、自动化和智能化。

一个完整的工业互联网平台一般包含以下几个核心组件。

一是设备接入层。

设备接入层能将各种设备连接到工业互联网平台。这里的设备包括各种传感器、机器人、PLC（可编程逻辑控制器）、工业 PC 等。设备接入层需要支持不同的通信协议，如 Modbus、OPC UA、MQTT 等，并且能够实现数据采集和传输的自动化。

二是数据存储和处理层。

数据存储和处理层能将从设备接入层采集到的数据存储到云平台上，并通过各种分析算法对数据进行处理和分析。这个层次需要支持各种格式的数据，包括结构化数据、非结构化数据和半结构化数据，同时需要支持高速数据输入和实时数据分析。

三是应用服务层。

应用服务层集中了工业互联网平台的业务逻辑，是应用软件系统的核心。架构良好的应用服务层可以大大提高工业互联网平台系统的灵活性、可升级性和可维护性。

四是安全管理层。

安全管理层为工业互联网平台提供各种安全控制和管理技术。这些技术包括身份验证、访问控制、数据加密、安全审计和安全监控等，可以保障工业互联网平台的安全性。

五是通信与接口层。

通信与接口层提供工业互联网平台与其他系统、设备和应用程序之间的通信接口，因此需要支持各种通信协议和接口标准，如 TCP/IP、HTTP 等。

工业互联网平台的核心价值在于，它可以实现不同设备、系统和应用程序之间的连接和数据共享，帮助企业实现生产流程的数字化、自动化和智能化。这主要体现为以下几方面。

一是生产流程数字化：通过工业互联网平台，企业可以将生产中的各种设备和系统数字化，并将各种数据采集和存储到云端，实现生产过程的全面数字化。

二是生产流程自动化：通过工业互联网平台的自动化功能，企业可以实现生产流程的自动化，实现设备的智能控制和生产效率的提高，同时减少人为操作引起的质量问题。

三是生产效率提升：通过对生产数据的实时监控和分析，工业互联网平台可以为企业提供生产优化建议，提高生产效率和质量，并减少生产成本。

四是设备预测性维护：工业互联网平台可以通过对设备的监测和数据分析，提供设备故障预警和预测性维护建议，降低设备维修成本，减少停机时间，提高设备利用率和生产效率。

五是支持生产决策：工业互联网平台可以通过对生产数据的分析和可视化，为企业提供数据支持，帮助企业做出更加精准的生产决策，实现生产流程的优化和升级。

要实现上述价值，离不开工业互联网技术体系的支持。工业互联网技术体系包括以下四种核心技术，它们各自发挥着不同的作用。

第一，信息感知技术。工业互联网平台需要实现跨部门、跨层次、跨地域、跨领域的工业系统信息全面感知，因此，数据采集需要以自感知技术为主，同时，需要研究多源异构数据融合技术，将多来源、多形式的数据整合起来，以准确描述生产要素状态。

第二，信息传输技术。工业互联网平台需要完成工业数据集成、实时存储与传输。信息传输分为有线传输和无线传输两大类，其中无线传输是工业互联网主要的信息传输方式。无线传输技术按传输距离可划分为两类：一类是以 Zigbee、WiFi、蓝牙等为代表的短距离传输技术，即局域网通信技术；另一类则是 LPWAN（Low-Power Wide-Area Network，低功耗广域网），即广域网通信技术。此外，5G 技术的发展使得无线传输技术应用于现场设备实时控制、设备远程维护及操控、工业高清图像处理等工业应用新领域成为可能，同时也为未来柔性产线、柔性车间的建设奠定了基础。

第三，数据分析平台。工业互联网平台需要借助大数据分析技术、人工智能方法等，实时高效处理不断产生的工业数据，并基于专家经验，结合物理、数学等基础学科的知识，从工业大数据中挖掘有价值的经验，从而形成对工业生产有价值的决策方案。

第四，工业 app 开发技术。工业互联网平台不仅需要将分析出的结果实时推送给用户，同时也需要通过接口将决策传输到智能设备。为了实现信息的精准传送，工业互联网平台需要根据用户需求和实际生产需要定制 app 来推送消息，因此，需要利用工业 app 开发技术开发出面向新模式场景、个性化需求的 app。

在以上技术体系的支撑下，工业互联网平台能够有效集成海量工业设备与系统数据，实现业务与资源的智能管理，促进知识和经验的积累与传承，驱动应用和服务的开放创新。因此，毫不夸张地说，工业互联网平台是智能制造系统的数字化神经中枢。

无论是 CPS，还是工业互联网，以“端 – 边 – 云 – 网 – 智”为代表的新 IT 发挥着重要的作用。其中，“端”负责各种数据的采集和录入，“边”负责边缘层的错误数据剔除、数据缓存等预处理以及边缘实时分析，降低网络传输负载和云端计算压力，“云”负责提供 IaaS、

PaaS 和 SaaS 等不同层面的计算资源，“网”负责各个层面的数据和信息的互联互通，“智”负责为相关设备赋予自学习能力。这使得智能化制造系统具备感知、学习、分析、决策、通信与协调控制能力，也是智能化制造系统与自动化制造系统和数字化制造系统的根本区别所在。

乘势而上，拥抱智能制造

在智能制造的热潮之下，企业应该把握好这一契机，搭上时代的快车，主动拥抱智能制造，拥抱一个新的时代，乘势而上，向智慧型企业转型。

在这个过程中，企业应该实现以下 5 个维度的智能化。

工业设备智能化

企业要想把握市场需求，实现供给侧结构性改革，工业设备智能化是必由之路。从某种程度上来说，工业设备智能化可以理解为狭义的“智能制造”。但是，并非在某些环节使用智能传感器、工业机器人就能使工业设备变得“智能”，而是当工业设备都应用了工业互联网、大数据、云计算、AI 等新一代数字技术，并且打造了智能生产线，甚至将工厂改造成了智能工厂时，工业设备才真正实现了智能化，企业的智能化变革才具备了基础，产业链的重组升级才有了可能。

生产方式智能化

生产方式的智能化，就是利用各种新一代数字技术推动生产与客户需求的高效匹配，实现精益生产、个性化服务、资源整合，使企业与客户、产业链上下游的合作伙伴以及其他利益相关者形成一个新的产业价值链。

在智能时代，得益于新 IT 的应用，智能工厂能够实现柔性化生产，做到根据客户的个性化需求来进行定制化生产，从而降低库存，提高产能，实现精准销售，达到产品收益的最大化，提升产品在市场上的价值竞争力。

犀牛智造工厂就是生产方式智能化的典型案例。

❖

在服装这类劳动密集型的产业中，任何一处细节的效率提升，都能起到四两拨千斤的效果，SHEIN 的迅猛增长就是得益于此，而犀牛智造工厂是服装行业的另一个智能制造样板。

阿里研究院发布的《犀牛智造：探索未来制造之路》报告对犀牛智造工厂是这样描述的：“犀牛智造是一个云端算法定义的在线工厂。犀牛智造面向端到端需求，基于云边端架构，重新开发了一套面向服装行业的工业软件体系，重构并打通了生产供应链的所有运营动作，形成了面向一个完整行业的一站式数字化生产供应链。支撑一站式供应链的，是一套完全原创、完整支持服装行业数字化转型的云原生技术体系。”[一]

犀牛智造利用工业互联网、工业软件、大数据、算法等重塑生产方式，打造了多样化、高质量、数字化的供需精准匹配的生产系统。在传统服装厂中，一个订单的换款时间是 2 小时，而在犀牛智造工厂里，只需 1 分

[一] 阿里研究院 . 犀牛智造：探索未来制造之路 [EB/OL].（2020-06-08）[2022-11-15]. https://club.1688.com/unithread/256637956.html.

钟就能完成这项工作；在传统服装厂中，生产线的数目都是固定的，不能随意调整，而在犀牛智造工厂里，其系统可以根据订单量来将工厂视为一条生产线或者多条生产线，随时进行灵活调整。走进犀牛智造工厂的很多车间，几乎看不到什么人，因为其 50% 采用无人化生产。犀牛智造工厂研发的蛛网式吊挂等独家专利技术，大大提高了生产效率，使大部分订单在 1 小时内就能完成。在需求端，犀牛智造工厂打通了淘宝、天猫等多家平台，利用大数据和云计算为各个服装品牌提供极其精准的销售预测（精确到“该款式下个月能卖出多少件”）；在供给端，通过柔性制造系统，犀牛智造工厂能够做到 100 件起订、7 天交货，从而可承接更多个性化、小规模的订单。

犀牛智造工厂做出的这些智能化改进彻底颠覆了服装制造业。过去，服装厂都是以生产线的能力和历史经验为依据来确定产能，并且通常需要提前半年组织生产，比如在夏季刚刚到来的时候就开始生产冬装，在这种模式下，当市场发生改变或者出现意外时，就有可能出现无法应对的情况。比如，当某款产品爆卖时，传统服装厂就无法做到在短时间里生产充足的产品，以致错失盈利良机。而犀牛智造工厂以客户需求为导向，将供给端与需求端实时打通，变传统的“以产定销”为“以销定产”，在面对市场变化时，能在最短的时间内做出反应。

因为采用了智能化的生产方式，相比传统服装厂，犀牛智造工厂的交货时间缩短了75%，库存量降低了30%，用水量也减少了50%。犀牛智造工厂创造了一个生产方式智能化的新路径，值得其他企业借鉴。

产品设计智能化

产品设计是产品形成的创造性过程，是带有创新特性的个体或群体性活动。新IT在设计链各个环节的应用，使设计创新得到了质的提升。比如，企业可以通过智能数据分析手段获取设计需求，通过智能创成方法进行概念生成，通过智能仿真和优化策略实现产品性能的提升，并且以智能并行协同策略来实现设计制造信息的有效反馈，从而大幅缩短产品研发周期，提高产品设计品质。

企业管理智能化

随着企业从传统智造走向智能智造，企业的管理方式也必须转变，向着智能化管理、智能化决策转型。智能化管理就是在大数据、物联网、云计算和人工智能等新一代数字技术的基础上，通过挖掘大量内部和外部数据中所蕴含的信息以及分析企业的整体情况，发现业务规律，预测市场需求，改善工作流程，做出更好的决策，制定更加行之有效的战略，支撑企业的数字化营销、品牌建设、产品创新、智能制造、销售和分销以及渠道管理，创造端到端商业价值，从而更加科学、高效、灵活、便捷地管理企业，实现企业的持续增长、高效运营。

服务模式智能化

在传统制造业中，从产品的生产者到最终消费者之间有多个层级，除了经销商之外，其他层级很少有机会直接接触消费者。服务智能化则是在传统服务的基础上直接触达消费者，及时了解消费者的需求，为消费者提供更高质量的服务，甚至将整个产品的生命周期向最终用户开放，使其全程参与智能工厂的研发设计、制造加工、组装包装、物流配送等环节。因为实现了与消费者的双向沟通，企业能够在整个产品生命周期中为消费者提供更加个性化的服务，提高产品的市场吸附力和竞争力。

❖

小米为什么能在很短的时间里在全球智能手机市场占据一席之地呢？其服务的智能化发挥了很大的作用，其中最值得称道的就是小米让用户持续参与产品研发过程，充分发挥用户的主动性和积极性。

比如，在研发 MIUI 系统时，为了让用户深度参与到产品研发过程中，小米团队采用了一种被称为“橙色星期五”的互联网开发模式，该模式的核心是小米团队在论坛上与用户互动，并且结合用户的反馈每周更新系统。

当时，遵循快速迭代的原则，小米会在每周五下午发布新一版的 MIUI 系统，哪怕这时的 MIUI 系统还不够完善，需要不断改进。在系统发布后，小米团队会一直保持与用户的双向沟通，将那些好的或者还不够好的想法、成熟的或者还不成熟的功能都毫无保留地放在用户面前，认真倾听用户的意见，并鼓励他们在下周二之前提交使用体验报告。

起初，小米团队每周都能收到上万份的反馈，到后来，参与研发的用户增长到了数十万。通过用户的使用体验报告，小米团队了解了上周哪些功能最受用户喜爱，哪些功能用户觉得不够好，哪些功能正备受期待。根据用户对新功能的喜爱程度，小米团队还会评选出上周最好的功能，其研发人员可以获得内部的“爆米花奖”——奖品是一桶爆米花以及“大神”荣誉。

小米的这种让用户参与产品设计的独特方式，让企业的研发团队与用户需求产生了直接对接，用户成为产品的设计者和改变者，设计师和工程师则负责协调和配合，这使小米能为用户提供非常人性化的服务，也使小米的产品更加符合用户的需求。

由此可见，在智能制造与工业互联网、大数据、云计算、AI 等新一代智能技术的助推下，企业能够形成新的生产方式、管理模式和商业模式，这对企业生产、管理有着极为深远的影响。

拥抱智能制造的春天，前景很美好，但是，必须强调的是，盲目地进行智能改造是不对的。为了让智能制造达到预期效果，建议企业一定要了解和掌握四项基本原则。

第一，摸清家底，了解自身情况。

在正式启动智能化转型之前，企业一定要先“摸清家底”，通过全面扫描自身情况认清两个问题：第一，企业实施智能化转型的基础如何；第二，企业需要通过智能化转型解决哪些问题。

具体而言，企业要在三个方面展开自我诊断。首先，看看自身各个部分是否健康，比如业务运营、财务情况、人员组织和创新研发等领域是否存在问题。其次，评估自身现有的数字化基础，包括现有的 IT 架构、硬件设施、软件系统、数据库信息及利用情况、IT 人才储备等。最后，梳理自身的转型需求，从研发、测试、生产、营销、销售、人事、行政、供应链等全流程、全部门需求出发，整体分析后再进行分类聚焦，明确核心需求，为企业的智能化转型提供方向，避免盲目转型。

当然，在这方面也要因企制宜。大企业可以通过自己或者寻求咨询机构、服务商等外部力量的帮助，对企业业务流程进行梳理，然后从“端－边－云－网－智”五个方面进行全面的智能化部署，以消除信息孤岛，实现跨越式改进。中小企业则可以从业务部门出发，针对明确的需求和痛点，利用相应的数字化工具，解决特定的问题，为该部门带来直接的收益增加、成本削减和效率提升。

第二，摆正心态，避免掉入陷阱。

在谋求智能转型时，企业一定要意识到这不是一个一蹴而就的过程。在转型过程中，要努力避免掉入四个陷阱——“岁月静好”“好大喜功”“虚与委蛇”和“东施效颦”。

所谓“岁月静好”，就是企业管理者将所有关于智能化转型的言论都视作危言耸听，坚持认为一切都在按照自己熟悉的、既有的方式运转得很好，并且这种良好状态会一直延续下去，无须转型或变革，以致在面对新技术趋势时缺乏危机感。

“好大喜功”与“岁月静好”刚好相反，掉入这类陷阱的企业管理者被转型言论吓破了胆，生怕自己落后，所以想以不切实际的速度完成转型。在实施过程中表现为盲目投入，没有循序渐进的意识，不顾企业自身的能力而强力推进，最后的结果往往是在铺张浪费一番后不了了之。

“虚与委蛇”表现为以一种自我欺骗的方式应付转型，

企业管理者的内心并不认可智能化转型的言论，但是又害怕自己被技术变革淘汰，于是敷衍了事，只是蜻蜓点水般地做一些与智能化转型相关的事情，但是缺乏精耕细作和长期投入的意识，最后的结果也是花钱不少，却没有任何收益。

“东施效颦”是以一种严重的“追星”心态来开展转型，对自己的企业缺乏清晰定位，对那些在智能化转型中卓有成效的企业盲目崇拜，选定一个与自身差距极大的企业作为自己的转型标杆，最后往往也很难取得成功。

第三，将智能制造规划与企业发展战略匹配起来，进行顶层设计。

企业向智能制造的转型升级不是简单的技术革新，而是企业生产、销售、战略、管理、运营等方面全方位的变革，需要全局谋划，尤其需要将智能制造规划与企业发展战略匹配起来。如果智能制造规划与企业发展的战略目标不一致，很可能会导致智能化转型偏离方向，越走越远。

同时，针对智能化转型，企业还要站在长远的战略高度进行顶层设计。因为智能制造涉及的业务范围是非常广的，如果没有相应的顶层设计，各部门目标不一致、无法协同，转型是很难成功的。因此，企业管理者应该组织内部各主要业务部门紧紧围绕企业发展战略进行全面规划，并由高层管理者领导智能化转型，这样才能实现各部门的统一行动、有效协同、通力合作。

第四，结合内外部力量，选择长期战略合作伙伴。

企业向智能制造转型离不开人才，因此，企业需要建设一支专业队伍，汇聚各种复合型人才，做好技术培训和管理培训。同时，企业还要善于利用外部力量，选择优秀服务商、专业机构等作为长期战略合作伙伴，共同规划和推动企业智能制造蓝图的实现。

最后，企业不能为了智能化而智能化，要牢记智能化的目的是让企业运行得更好，是降本、增收、提效，在整个智能化的过程中，都必须围绕这三个核心目的展开相应的决策和行动。

用新视角探索新路径

在前文中我们已经讲过，企业向智能制造转型需要借助新 IT 服务商的力量，而从新 IT 服务商的角度来说，怎么才能为企业提供更好的服务，从而在这场智能蝶变中发挥更大的作用呢？

尽管数字化转型的口号已经喊了二十多年，但是数字技术对传统行业产生的影响却微乎其微。在旧 IT 时代，不少企业满怀期待、斥巨资引入各种企业管理类软件，到最后却只收获了失望。

甚至曾经有人专门编段子来调侃这种现状，说传统企业在引入 ERP 系统的过程中，会经历“咦、啊、屁”三个阶段。一开始看软件销售人员展示系统功能时，会对其花哨且新奇的功能发出赞叹——“咦”；接着在花了大价钱正式引入自己公司开始使用后，发现很多功能自己都用不到，而自己面临的问题软件又解决不了，于是有一种后知后觉的惊诧——“啊”；等使用一段时间后，发现产品带来的收益完全无法达到预期，于是得出一个嫌弃且失望的结论——“屁”。

导致这一现象的根本原因是，在早期数字化技术落地的过程中，服务商和客户方之间存在严重的信息不对称，这种不对称体现在两个方面：一方面，客户方对数字化技术、产品及方案不了解，只能听信服务商的“一面之词”；另一方面，服务商不清楚客户方的具体问题和实际需求，同时也缺乏深入了解的意愿和能力。

在这种信息相当模糊的状态下，双方很难达到深度契合，因此数字化技术对传统企业的影响也就极为有限。

在以新 IT 为核心的新一轮智能化转型过程中，首先要解决的就是服务商和客户方合作过程中的模糊性，以避开旧 IT 时代数字化转型踩过的坑。

旧 IT 时代整体上以技术服务商为核心，在技术服务商的视角下开展数字化转型，强调用一种所谓的先进技术或产品，去给一个落后的、陈旧的企业或系统赋能。这种视角隐含着一种技术的傲慢，就是服务商认为自己无须了解客户方的问题和需求，用自己凭想象制造的产品就可以解决问题，但最终的结果证明这种思路是错误的。

克莱顿·M. 克里斯坦森（Clayton M. Christensen）、泰迪·霍尔（Taddy Hall）等人在《创新者的任务》一书中提到，企业的创新是两个“待完成的任务”（Jobs to be Done，简称 JTBD）相互交替的过程，一个是客户的

JTBD，一个是企业的JTBD。大多数企业的问题在于，只能看到自己的JTBD，却看不到客户的JTBD，这也是很多企业创新匮乏的根本原因。

在这些研究者看来，客户的JTBD才是关键，是企业创新的前提。一个企业只有先看到客户的JTBD，并将其转化为自己的JTBD，才能实现有效的创新。简单理解就是，要先洞察客户需求，然后基于客户需求进行产品创新，这样才能有的放矢，提高效率。

因此，新IT时代的智能化转型，首先要将核心从服务商转换为客户方，以客户方的视角来看待这场转型过程。客户方需要的不是谁给自己赋能，而是借助一种新的技术体系实现自身的进化，而进化的驱动力就是企业在所处场景和生态位中感受到的困惑及面临的各种问题。

作为辅助者的新IT服务商要想成功推行自己的产品，首先要做到的是设身处地为客户着想，基于对垂直行业Know-How（行业机理、秘密和诀窍）的了解和对客户面临的痛点、问题和需求的极致洞察，展开产品和服务创新。

因此，我们能够看到，在新 IT 相关的创业领域，与传统行业相关的人员的身影开始越来越多地出现，他们在创业团队中占据着重要甚至主导地位。从一家在企业智能化转型领域已经小有成绩的企业身上，我们能够窥见部分端倪。

❖

讯能集思创立于 2018 年，创始人张宗尧曾经于富士康任职，后来在富士康的资助下赴麻省理工学院钻研人工智能和大数据分析技术，并拿到了电机与计算机科学博士学位，而后创立了讯能集思。

讯能集思的创立初衷是，成为一家致力于开发自然语言处理决策的 AI 平台公司，运用人工智能与大数据相结合的方式帮助更多企业找到生产、运营、决策的最佳路径，通过洞察数据、预测行为与流程自动化，协助企业解决日常运营、产销供应链、产品生产制造流程等方面的问题，实现智能化管理。

在这一创业初衷下，讯能集思目前推出了两款主要产品。一款产品是名为 JarviX 的数字化决策管理平台，它力图让使用人员通过“拖拉点拽”的无代码操作方式，利用机器学习来自动化分析过程中的各种任务，涵盖从数据提取到分析，以及机器学习模型创建的全领域，努力让企业不再需要专业分析师和数据科学家团队。另一款产品是名为 Odin 的智能网关，它可以打破硬件和分析之间的隔阂，随插即用，把数据收集、治理和分析串联在一起，从而降低数据的导入及运维成本，提升数据传输及分析能力，推动实现产线效率的最大化以及生产系统状况的最优配置。Odin 主要针对传统工业各种设备和硬件标准不一、软硬件整合困难的问题，以及传统网关缺乏各种专属应用、安装调试不易等难题。

目前，讯能集思已经与包括富士康在内的诸多传统制造企业展开了合作，为这些企业提供新 IT 辅助，帮助它们构筑自动化供应链、智能生产排程等，顺利完成转型。

讯能集思之所以一创立就能推出市场需求明确且行之有效的产品，很关键的一个原因是其创始人曾在传统企业任职，在创业之前就已经对传统企业面临的问题、具体的需求和期待的产品有过许多思考。只有将这些垂直行业经验与数字技术结合起来，才能推出真正有针对性的新 IT

产品和方案。

除此之外，钉钉也在用一种独特的方式探索着新 IT 服务商与传统企业的合作模式。

如前所述，以企业管理软件为代表的数字化工具一般是集成式的，引进成本高，效果却得不到保障。对许多中小企业而言，巨大的投入和不确定的收益让它们缺乏购买动机。

以钉钉为代表的新型数字化工具正在用一种全新的方式破解这一难题。钉钉提供不同的功能模块，对于一些针对企业常见问题的功能模块，企业一般只需要支付较低的费用就可以引进。这些便宜的产品并不承诺解决企业的所有问题，而是只针对一两个特定问题，而这些问题是否得到了有效解决，客户方特别容易就能做出评判和衡量。

这样一来，客户方会觉得这个成本是可估量和可承受的，风险小，购买动机也就变强了。与此同时，由于产品都是模块化的，可以结合具体的需求和问题逐步扩展，所以如果客户方觉得好用，后续可以逐步引进更多的功能模块。

在这种模式下，客户方得以以一种渐进的方式购买产品和技术方案，整个过程门槛低、风险小、成本可控，效果也是可见的。另一边的服务商也在以一种渐进的方式推进销售和服务进程，可以更为细致地了解客户的需求，同时也能推出更有针对性的产品。这样一来，也容易形成一种良性循环的合作模式。

这两家公司的探索，让我们更加理解了为什么说新 IT 的应用过程本质上是一个智能化转型的过程，因为它不是大水漫灌、自上而下地用智能技术去覆盖传统行业的每一个环节，让它们在短期内实现巨变，而是从一个个具体的场景和环节出发，由小及大，从局部到整体，让传统企业在新 IT 的加持下实现进化，成为智能时代的新物种。

总体而言，相比于旧 IT，新 IT 的“新”不仅仅体现在技术要素上，更体现在智能化发生的逻辑顺序上。在智能化转型的过程中，逻辑顺序是决定成败的根本。对新 IT 服务商而言，除了要考虑具体的技术和产品外，还必须意识到新 IT 时代的智能化转型需要一种全新的路径和方法。

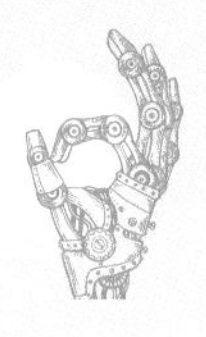

NEW
INTELLIGENT
TRANSFORMATION

| 第 10 章 |

智慧城市：新 IT 下的未来城市

在人类的进化历程中，每一个时代、每一次技术革命都会产生新的城市范式。如今，人类进入了智能时代，新 IT 在对城市赋能的同时也促进了新的城市范式的出现，这种新的城市范式也就是“智慧城市”。城市因社会进步而生，而城市大脑、数字孪生、元宇宙等，推动着智慧城市继续进化升级，不断向着可持续、有智慧、有温度的“未来之城”迈进。

城市因社会进步而生

从农业时代到工业时代，再到数字化时代，科技的每一次飞跃，都给城市带来了巨大的变革，城市的内涵、功能以及外在形态因此几经变迁。如今，随着新 IT 的深入发展，城市也在悄然升级为智慧城市，让诗意的栖居照进了现实。

新 IT 之于城市，到底有多么重要？或许，我们应该以城市发展史为起点来探寻这个问题的答案。

作为人类文明的重要组成部分，城市是随着人类社会的生产力和生产关系的变化而发展起来的。

在早期的原始社会中，人类的生产力水平极其低下，单独的个体无法生存，于是，人们群而聚之，以采集野果、狩猎为生，哪里有食物就去哪里，过着“逐水草而居”的游牧生活，没有固定的居所。

在距今约 1 万年前的新石器时代，人类社会发生了一次大变革——农业革命，农业、畜牧业的出现使人类不再依赖采集、狩猎这种掠夺性的生产方式，人类的生活方式也由此发生变化，从过去居无定所的游牧生活逐渐走向定居或者半定居的农耕生活，农业聚落由此形成。农业革命为人类文明的发展进步奠定了基石，毫不夸张地说，没有农业革命就没有文明的起源。

农业的蓬勃发展带来了社会的快速发展，到了原始社会末期，人们除了种植粮食作物，还会种植桑、麻等经济作物，加工油、酒等制品，甚至还开始从事园艺、造船、纺织、制陶、皮革加工等工作。随着手工业在人类生产中所占的比重逐渐加大，手工业不再依附于农业，而是从农业中分离出来，专门的手工业者开始出现，手工业聚落由此诞生。

当人类社会进入奴隶社会后，一个新的阶级——不从事生产、专门从事商品交换的商人阶级逐渐形成。其实，早在原始社会，人类就开始进行物品交换，只不过这种交换在当时是非常偶然的。到了奴隶社会，随着生产力和生产效率的不断提高，人类的劳动成果不但能满足自己的需求，还有一部分可以用来换取自己所需要的其他物品，于是，“以物易物”越来越频繁。有一部分人便开始专门从事物品交换业务，这部分人就是商人，他们极大地提高了物品交换的效率，而商业交易点也开始形成。

到这一时期，城市形成的第一个条件——“市”已经出现。而“城”的问世与私有制、财富、阶级是密切相关的。

在原始社会末期，人类社会的生产范围进一步扩大，剩余产品越来越多，于是，部落交换就渐渐发展成了个人之间的交换，土地、工具等生产资料开始被个人占有，私有制、依附关系开始出现，人类社会由此分化出了奴隶主和奴隶两个阶级。阶层分化使财富集中到了少部分人手中，这部分人为了保护自己的财富及部落联盟的安全，就开始建造城池、组建军队。于是，城市产生的另一个条件——“城”也出现了。“城”与“市”结合在一起，就形成了城市。

从某种意义上来说，城市是工商业发展的产物。从春秋战国时期的“货市”，到 13 世纪地中海沿岸的米兰、威尼斯等繁华都市，都是非常发达的商业和贸易中心。

沿着人类社会的历史进程，城市不断发展。第一次工业革命爆发之后，随着机械化生产的普及和工厂这种组织形式的出现，大量农民涌向新的工业中心，城市获得了前所未有的发展，从此开启了规模扩张之路，并且日益焕发出蓬勃的生机。

城市的内涵和功能也随之发生了变化：过去，城市受军事、政治、宗教等因素的影响较大，而在第一次工业革命后，城市通常因工厂、矿产、港口而兴起，工业水平成为影响城市发展的主要因素。在城市中生活的人们也有了新的生活方式，他们摆脱了对土地的依赖，开始以雇佣劳动和自由买卖为生，逐渐形成了平等协作的市场理念。

到了现代社会，全球一半以上的人口已经生活在城市中，风格迥异、星罗棋布的城市为无数人提供了栖居之地。城市的网络和聚集效应促进了人与人的沟通、连接，带来了人口和产业的集聚，促进了生产力和生产效率的进一步提升，也为人们创造了日益富足的物质生活。

由此可见，城市因社会发展而生。

两千多年前，古希腊思想家亚里士多德说：“人们为了生活来到城市，为了更美好的生活而留在城市。”哈佛大学教授、城市经济学家爱德华·格莱泽（Edward Glaeser）在他的著作《城市的胜利》中也说，城市是“诞生奇迹之所，是人类最伟大的发明与最美好的希望”“佛罗伦萨的街道给我们带来了文艺复兴，伯明翰的街道给我们带来了工业革命……漫步在当代的城市——不论是沿着用鹅卵石铺就的人行步道还是在四通八达的十字街头，不论是围绕环形交叉的路口还是高速公路——触目所及的只有人类的进步”。

然而，城市的蔓延扩张给人类社会带来的不只有积极的一面，还有消极的一面，如人口膨胀、交通拥挤、资源紧缺、环境污染、治安压力等问题。为了让城市生活变得更美好，人们开始思考如何对城市进行管理。

20 世纪 90 年代初期，我国开始兴起城市运营理念。当时，随着改革开放的深入和城市化进程的推进，越来越多的城市化难题开始浮现出来。在探求解决方案的过程中，很多人形成了共识：城市要实现可持续发展，需要优良的公共环境，需要经济发展与整个社会文明的发展同步进行，需要生产消费和科技文化产业协调发展。要实现这一切，不能只考虑城市建设的问题，还应该考虑城市如何运营。

当时，在市场经济的孕育下，不少现代化企业已经崭露头角，它们独特的管理和运营方式引发了人们的关注，由此人们产生了一个新的想法：能否像管理企业那样来经营城市，通过市场化运作的方式，提升城市资源的配置和利用效率，增强城市整体的竞争力呢？城市运营的理念便应时而生了。

在城市运营理念的逻辑中，整个的城市化过程需要在整体规划之下对城市进行综合开发，同时保证城市的可持续发展。城市包括土地、基础设施、生态环境、文物古迹和旅游景点等各种有形资产，还包括依附在这些有形资产之上的城市名称、形象、知名度和特色文化等各种无形资产，城市要实现可持续发展，就要对这些资源进行合理的开发、积累、整合和利用。

城市运营的本质就是明确城市定位、制定清晰可执行的城市发展战略，然后在这两者的指导下，将市场经济的经营思路、经营机制和经营方式等引入到城市开发中，通过对上述提到的城市所拥有的各类资源的市场运作，实现城市资源的合理配置和高效利用。

那么，如何进行卓有成效的城市运营呢？人们找到了一条可行并且已得到验证的成功的道路，那便是科技赋能。

科技让城市倍速前行

科技对城市的赋能并不是从有了城市运营理念之后才开始的，早在 19 世纪，科技就开始了与城市的融合，并在城市的进化过程中发挥了巨大的作用。

物理学家汉斯·厄斯泰兹（Hans Oersted）于 1820 年发现了电流的磁效应，这一发现使同时代的另一位物理学家迈克尔·法拉第深受启发，他想，既然电能生磁，那磁应该也能生电。为了验证自己的这一想法，法拉第投入了十年的时间不断进行实验。1831 年，他终于在通电线圈的电流刚接通或中断的瞬间发现电流计指针出现了极其微小的偏转。这一微小的偏转揭示了电磁学最基本的原理——

电磁感应。这一基本原理的发现标志着利用磁力发电是可行的，更意味着电气时代的大幕已经缓缓拉开，一个前所未有的时代由此到来。

同一年，利用电磁感应原理，法拉第发明了圆盘发电机。这是一个里程碑式的发明，标志着世界上第一台发电机诞生了。以此为起点，人类开始了将机械能转化为电能并进行应用的伟大历程。

1832 年，法国人皮克西（Pixii）发明了手摇式直流发电机原型机，这台发电机通过转动永磁体使磁通量发生变化，从而在线圈中产生感应电动势，并以直流电压的形式输出这种电动势。

1866 年，西门子用电磁铁代替永磁体，对发电机进行了改进，发明了第一台自励式直流发电机。西门子的这一发明在几年后就投入实际运行了，其应用价值得到了充分证明。

1875 年，在法国巴黎北火车站，一座火力发电厂正式建成并开始发电。这是世界上第一座火力发电厂，采用很小的直流电机专供附近照明用电。在此之后，美国、俄国、英国也相继建成了多座小火电厂。

1879 年 10 月 21 日，美国发明家托马斯 · 爱迪生在经过长期的反复试验后，终于发明了世界上第一盏有实用价值的白炽灯。两年后，爱迪生又开始筹建中央发电厂，并于 1882 年在纽约珍珠街建立了世界上第一座比较正规的发电厂。这座发电厂装有 6 台直流发电机，以 110 伏的直流电供电灯照明。从那之后，电灯不断普及，照亮了城市的每一条街巷。电力第一次真正应用于人类生活，城市的面貌由此发生了根本性的改变。电力的广泛应用还掀起了电器发明热潮，电影放映机等电器首次进入城市居民的生活，使人们的生活质量获得了大大提升。

此外，电报、电话、无线电等新的通信工具的相继问世，使人类的交流由此迈入了远程通信时代，这极大地促进了各个城市之间信息的交流与传播，而且重塑了城市生活的时空界限。

这一时期还有一项与电力的应用并重的重大成就，就是内燃机的创新和使用。19 世纪中期，科学家完善了通过燃烧煤气、汽油和柴油等产生的热转化机械动力的理论。在这一理论的基础上，1860 年，发明家艾蒂安 · 勒努瓦

（Etienne Lenoir）以蒸汽机为蓝本，研发了第一台实用内燃机，不仅获得了专利，还实现了批量生产。

德国发明家尼古劳斯·奥托（Nikolaus Otto）对内燃机进行了改进，并于 1867 年带着他发明的二冲程内燃机参加了巴黎世博会，一举荣获金奖。1876 年，奥托又成功研发出了世界上第一台四冲程内燃机，这台发动机不仅性能可靠、运行噪声小，而且热效率高达 14%，它的问世在动力史上具有划时代的意义。

19 世纪末，德国发明家鲁道夫·狄塞尔（Rudolf Diesel）成功地制造出了世界上第一台柴油机，进一步提高了内燃机的效率。

内燃机的发明和改进在交通运输领域引起了一场革命，以内燃机为动力的汽车、轮船、飞机等纷纷被创造出来，城市交通由此获得了迅猛发展。

电力的应用和内燃机的发明还推动了钢铁行业的发展，钢得以大批量生产并且质量得到了大幅度的提升，这种新材料逐渐代替了熟铁，成为房屋、桥梁、铁路等城市基础设施的主要用材。巴黎的地标性建筑埃菲尔铁塔就是在 19 世纪末期建成的。

这是科技与城市的第一次深度融合，从那之后，科技进步就与城市发展紧密相连，并且成为驱动城市进化的核心动力。

20 世纪中后期，第三次科技革命引领人类进入了信息化时代，科技对城市的影响进一步强化。第三次科技革命从本质上来说是一场信息革命，它以原子能、电子计算机、空间技术等技术的发明和应用为主要标志，涉及信息技术、新能源技术、新材料技术、生物技术、海洋技术等众多领域，在很短的时间里就形成了一股席卷全球的信息化浪潮。

在这股新浪潮的冲击下，城市的规划设计、建设运营乃至城市的传统形态与功能等都深受影响，城市中的交通、环境、医疗等各个系统也因此发生了改变。正如未来学家阿尔文·托夫勒（Alvin Toffler）所预言的，“电脑网络的建立与普及将彻底改变人类的生存及生活模式”。

到了 21 世纪，信息技术、互联网继续蓬勃发展，在它们的推动下，城市倍速前行。云计算、物联网、人工智能、区块链等新 IT 核心技术的诞生与发展，又使城市有了新的进化方向，推动城市的生产、生活等向智能互联演变，让城市变得越来越智慧。

新的城市范式：智慧城市

在人类的进化历程中，每一个时代、每一次技术革命都会产生新的城市范式。如今，人类进入了智能时代，新 IT 在对城市赋能的同时也促进了新的城市范式的出现，这种新的城市范式也就是“智慧城市”。

提及智慧城市的由来，我们要追溯到“城市网络”这一理念。

随着城市的不断发展，人们对城市的认知日益深化。1960 年，美国著名城市规划学者凯文·林奇（Kevin Lynch）在其著作《城市意象》(*The Image of the City*）中提出，城市是由五种要素组成的：道路、边界、区域、节点、标志物。这五种要素构成了人们对城市的心理图像，即人们对城市的认知和记忆。在林奇看来，城市的本质在于城市中的道路、边界、区域、节点和标志物之间的联系和关系。只有深入理解这种联系和关系，才能真正理解城市的本质和运作方式，从而更好地规划和设计城市。这种观点把城市看成一个由纵横交错的道路与无数地标、节点构成的网络系统，是关于“城市网络”的雏形。

20 世纪 80 年代至 90 年代，信息技术和通信技术取得了重大的突破，使信息和数据可以在城市之间高速传输和共享，也使城市成了一个可以高效运转的智能网络；许多城市也开始关注信息技术的应用，利用信息技术提高城市管理水平和市民的生活质量，而“城市网络”的观点也得到了进一步发展。越来越多的专家学者开始将城市看成一个网络系统，认为城市中的各个部分通过各种网络（如人与人之间的社交网络、建筑物之间的道路网络、交通网络等）连接在一起，并形成一个复杂的系统，相互影响。

到了 20 世纪初期，经济学家克里斯·安德森（Chris Anderson）进一步深化了城市和网络之间的联系。他认为，城市的发展历史就是人类社会网络不断扩张和演化的历史。城市的规模和发展与城市内部和城市之间的网络联系密切相关。城市内部的网络联系可以是交通网络、信息网络、社交网络等，而城市之间的网络联系则是由物流、能源、信息等各种资源流动和交换构成的。信息技术的应用，使人们可以更加方便地获取信息、交流和合作，也使城市的运转更加高效、便捷和智能化。这一观点强调了城市与人类社会网络的紧密联系，也强调了信息技术在城市发展和管理中的作用和价值。

“城市网络”观点的提出和发展与信息技术的发展有着密切的关系，是信息技术在城市管理和运营方面的应用和拓展，是信息技术与城市发展的融合和升华。

在克里斯·安德森的理念基础上进一步发展，人们发现，也可以将城市看成一个由“云－管－端”构成的网络系统。人类赖以生存的三大资源——物质、能量和信息——通过各式各样的管道（如内部和外部道路、自来水管道、电网、燃气管道、通信网）与各种终端（比如房子）连接，终端的性能和价值因连接而剧增。

在“城市网络”的视角下，我们不难发现，前三次工业革命也是三次城市化和再城市化的过程。借由工业革命的发展，首先是提升了城市生产资源的能力；其次是城市的“云端资源”能够借助越来越多的管道实现自由移动，如借助公路、铁路和自来水管道等实现了物质的自由移动，借助电网和燃气管道等实现了能量的自由移动，借助电话网、有线电视网和通信网等实现了信息的自由移动。所以，三次工业革命，本质上也是三次城市化“新基建”的过程。正是由于越来越多的“云端资源”和越来越丰富的管道给“终端”赋能，今天我们的生活品质才变得越来越高。

“城市网络”的视角也让我们意识到，城市运营的本质其实是努力提高资源的流动效率，降低交易成本，让云端能够更好地赋能终端。传统的城市运营商在很大程度上完成了各种物理形态的基础设施的建设，但是由于自身的局限性，它们的视野始终无法脱离土地和区域，也就导致它们无法更为全面和抽象地看待城市运营。

以土地为核心的运营，可以让城市的某些区域繁华起来，形成资源和人流的聚集，这些区域同时也成了城市的中心，但是相对的其他地方就成了边缘区域。这就将城市变成了一个“大包子”，大多数人只能吃到“包子皮”，只有那些靠近中心的人才能吃到“馅料”。尽管大家都生活在同一座城市，但是最好的云端资源和网络渠道却只属于那些靠近城市中心的人。

要克服这一“中心 – 边缘”结构问题，就需要在既有物理设施的基础上实现更大规模、更高效的资源调度，更需要建设智慧城市，让城市越来越智能。

在这一认知的基础上，人们开始探索利用信息技术来解决城市发展中的问题，希望通过信息技术手段来优化城市的基础设施、资源配置、公共服务等，提升城市的综合管理和运营水平，实现城市的可持续发展。2008 年，IBM 公司提出了“智慧地球”（Smarter Planet）的愿景，旨在将 IT 技术、互联网技术充分渗透到各行各业，并结合各种传感器、摄像头等装置形成物联网，来提升全球的城市、能源、运输、医疗、金融等各个领域的智能化水平，使这些领域变得更加高效、可持续和安全，使城市、企业和政府机构能够更加高效地运转，通过科技创新来应对全球面临的一系列复杂问题。

“智慧地球”愿景的提出催生了智慧城市概念的诞生。2010 年，智慧城市的概念正式被提出，由此引发了全球广泛的关注。随后，各国纷纷提出了自己的智慧城市规划和建设方案，智慧城市成为城市发展的重要方向之一。近年来，随着人工智能、物联网、区块链等新 IT 技术的快速发展，智慧城市理念也得到了进一步的深化发展。新 IT 技术为智慧城市的建设提供了各种智能化的工具和手段。比如，数字技术可以实现城市中各种设施、资源和公共服务的数字化管理和监控，如对交通流量、能源使用情况、垃圾处理等的管理和监控，从而更好地提高城市资源的利用效率和管理水平。数字技术还可以实现城市中各种服务（如在线购物、远程医疗、在线教育等）的数字化提供和管理，从而更好地提高城市的服务水平和便利程度。同时，数字技术可以实现城市中各种设施和服务之间的智能联动，如通过智能交通管理系统实现对交通拥堵状况的监控和调度，或者通过智能能源管理系统实现能源的优化分配和利用。

在新 IT 技术的推动下，智慧城市的各种目标和愿景可以得到更好地实现，人们也可以享受到更加智能化、便捷化和可持续的城市生活。

中国作为全球城市化进程的主要推动者之一，一直致力于对智慧城市的建设。2010 年以来，智慧城市在中国经历了短暂的概念普及后，迅速进入了爆炸式发展阶段。

2012 年 12 月 5 日，我国住房城乡建设部正式发布

“关于开展国家智慧城市试点工作的通知”，并印发《国家智慧城市试点暂行管理办法》和《国家智慧城市（区、镇）试点指标体系（试行）》两个文件，从此拉开了我国智慧城市建设的序幕。

2014 年 8 月，国家八部委印发《关于促进智慧城市健康发展的指导意见》，提出到 2020 年建成一批特色鲜明的智慧城市，标志着“智慧城市”全面进入落地实施阶段。2015 年 3 月，“智慧城市”一词首次被写进国家层面的政府工作报告，引发了社会各界的高度关注。

2016 年 12 月，国家市场监督管理总局、中国国家标准化管理委员会发布《新型智慧城市评价指标》指出智慧城市要“以人为本、惠民便民、绩效导向、客观量化”，不仅要关注智能业务性能，还应关注居民用户体验。这一理念促使智慧城市向“创新、协调、绿色、开放、共享”的新目标转变。

2018 年 6 月，国家市场监督管理总局、中国国家标准化管理委员会批准发布了《智慧城市 顶层设计指南》国家标准。随后，《智慧城市 信息技术运营指南》《信息安全技术 智慧城市建设信息安全保障指南》等国家标准相继出台。

经过多年的探索与发展，我国在智慧城市建设方面已经取得了不少成就，但与此同时还存在一些问题，主要体现在以下五个方面。

第一，智慧城市重基础设施投入，人民群众获得感不强。

早期的智慧城市建设注重在 IT 基础设施方面的投入，但是对这些 IT 基础设施是否充分发挥了价值不够关注，也缺乏衡量标准。随着基础设施的普及，智慧城市建设重点方向需要向跨行业、跨部门的赋能角度延伸。

第二，数据汇集与共享能力不足，有效利用率有待提高。

传统项目型的信息化建设在纵向的领域和行业渗透方面效果很好，但是在横向的数据融合、数据共享方面存在明显不足，数据的跨部门有效利用率不高。

第三，业务处理流程优化空间大，创新服务应用需完善。

随着中国“互联网 +”理念的普及，业务信息化的覆盖率得到了进一步提高，但是内部业务处理流程，以及跨部门协作方面的业务处理流程需要进一步优化，才能激活更多创新型的服务应用。

第四，突发事件应对能力待加强，智能化管理水平需提高。

突发事件具有的突发性、不确定性、衍生性、扩散性等特点，对社会与经济的破坏性影响大。这就需要构建智能化的应急管理体系，提升预警预防机制的有效运作效率，提高紧急救援的反应速度和协调水平，进一步提升社会治理水平。

第五，城市全域感知力有待提升，精细管理能力要加强。

智慧城市建设已经开始逐步尝试构建跨行业、跨部门的数据感知系统，因此需要进一步汇集全要素信息，以人工智能分析能力促进多源感知系统的数据融合分析，实现城市全域全时的动态感知能力，促进城市治理的高效细致与城市管理的现代化转型。

要应对这些问题，需要将城市看作一个生命体，生命的良性运转不仅需要器官和肢体，更需要大脑。过往的智慧城市实践，实现了行业纵线的建设，逐渐构建了城市的“器官”和“肢体”，但是未能形成有效的“大脑”。

新 IT 在构建智慧城市的过程中所发挥的一个重要作用就在于，它能为城市打造一个拥有完善的管理体系，能够实现资源和业务的共享、协同，能对城市各个系统进行统一智慧管理的“城市大脑”。

❖

丽江是座旅游城市，目前全市总人口（常住人口）约 125 万人，而其年游客接待量能达到数千万人次。对丽江而言，城市环境是影响市容市貌和游客体验的因素之一，更是城市治理提质增效的痛点。

为了改善城市环境，提升游客体验，丽江携手百度和联想等科技公司，打造了“智慧丽江”项目。

其中，联想充分利用其在硬件基础设施、5G、人工智能、AR、云、分布式存储和大数据分析等领域的全面技术积累，以及整合行业生态资源并进行综合系统设计、交付和提供服务的整体解决方案的全价值链落地能力，在丽江古城部署了 5G 网络，并以此为基础部署了古城数字化管理整体解决方案。

首先，联想通过建设 5G 小基站，协助运营商部署了 5G 网络。其次，融合 5G、云、分布式存储、人工智能、人员识别跟踪和大数据分析等技术，部署了无人巡逻车、无人扫路车、无人零售智慧商店、人脸识别闸机等基于 5G 网络的智慧应用设施。最后，通过人员出入管理、角色分析、人流动态分析、消费行为数据分析，为古城管理提供了长期准确的数据支撑。

百度则通过充分发挥其在 AI、大数据等方面的技术优势和智慧城市落地经验，为丽江“城市大脑”设计打造了“1+1+4+N”的架构，即 1 张神经感知网络，1 个城市智能云平台，4 大中台（AI 中台、数据中台、感知中台、交互中台），赋能 N 个智慧化场景应用。大脑可支持统一管理多厂商算子、算法、算力，实时展示智慧生态算子调用的运算过程。

其中，AI 中台是城市 AI 基础算力和算法分析平台，同时也是智慧城市的智能中枢，能够对多厂商算法、模型和算力资源进行统一管理和调度，保障业务的高效运转和资源的最大化利用，服务于城市高效治理，引领 AI 应用快速落地。

数据中台提供数据治理能力，实现政务数据、社会数据等多源数据的汇聚、融合、分析，将原本分散、独立的数据资源联通共享，支撑城市精细化治理。

感知中台依托 5G 物联网平台，连接城市中的现有和新增设备，形成物联管理的基础平台，提供物联感知汇聚能力，对城市进行全量、实时的感知，支撑上层城市管理应用。

交互中台融合百度互联网数据能力、时空大数据能力、地图能力等，实现可视交互，提供高效、智能、易用的交互服务，支撑政府各委办局进行协同指挥和资源调度，实现城市的高效治理。

丽江与众科技公司的合作，是新 IT 推进智慧城市建设的一个缩影。

城市大脑让城市更智能

那么，城市大脑到底是什么？新 IT 又是如何助力城市构建城市大脑的呢？

城市大脑是智慧城市发展到一定阶段的产物，也是实现城市全面数字化转型，推动城市治理体系和治理能力现代化，以技术创新形成城市发展新格局的关键抓手。

在《崛起的超级智能》一书中，作者刘锋对“城市大脑”进行了定义，“城市大脑是指，在互联网的发展过程中，城市建设逐步形成自己的中枢神经系统（云计算）、城市感觉神经系统（物联网）、城市运动神经系统（工业4.0）、城市神经末梢（边缘计算）、城市智慧（大数据与人工智能）以及城市神经纤维（通信技术）。以此为基础形成城市的两个核心功能：一是城市神经元网络系统（城市大社交网络），实现城市中人与人、人与物、物与物的信息交互；二是城市大脑的云反射弧，实现城市服务的快速智能反应。云机器智能和云群体智能是城市智能涌现的核心动力。基于互联网大脑模型的类脑城市系统被称为城市大脑”[1]。

简单来说，城市大脑就是一种以人工智能、大数据、物联网等技术为基础，可以实现城市智慧化管理和服务的智能平台。它通过整合和优化城市中海量的数据、信息和资源，提供一系列智能化服务，如交通流量调度、环境监测、公共安全、公共服务等，以实现城市管理和运营的高效、智能化和人性化。

城市大脑具有多种功能，包括但不限于以下几点。

智能交通管理

城市大脑可以通过交通传感器和视频监控等设备对交通流量进行实时监测和分析，提供交通拥堵预测、优化交通信号灯控制等服务，优化路网设计，减少交通拥堵和尾气污染，提高城市交通运输效率和安全性。

精细化城市管理

城市大脑可以实时监控城市的环境、设施，提高城市

[1] 刘峰．崛起的超级智能：互联网大脑如何影响科技未来[M]．北京：中信出版集团，2019.

的运行效率和公共服务水平。比如，智慧环保可以通过监测和分析城市环境数据，实现环境监测和预警，推动城市环保治理和可持续发展。智慧能源可以通过监测和分析城市能源数据，实现能源管理和优化，促进城市能源的可持续发展。

公共安全管理

城市大脑可以通过视频监控、人脸识别等技术手段，实时监控城市的公共安全状况，提供预警和响应服务，实现安全事件的快速处置，保障公共安全，提升城市治安水平。

服务民生需求

城市大脑可以通过监测和分析城市社会服务数据，提高社会服务的覆盖率和质量，满足市民的多样化需求，如公共自行车共享、停车位查询等需求，提高城市居民的生活质量。

城市大脑的功能涵盖了城市的方方面面，为城市治理和管理提供了全方位、高效、智能化的支持。

那么，这些功能是如何实现的呢？这得益于城市大脑有一个非常完善的技术架构，它包括五个主要层次：感知层、传输层、数据层、分析层和应用层。

感知层是城市大脑技术架构的底层，通过物联网技术收集城市中的各种数据信息，包括环境、人流、交通、气象等数据，以及公共安全、城市设施等各种实时信息。这些数据信息通过感知层传输到城市大脑的数据层。

传输层主要负责将感知层采集到的各种数据传输到城市大脑平台中，传输方式包括有线传输和无线传输。

数据层是城市大脑技术架构的中间层，主要负责对传输进来的数据进行预处理和清洗，再进行分类和整理，方便后续的数据分析和决策。

分析层主要通过人工智能算法和大数据分析技术，对数据进行深入分析和挖掘，提取数据中有价值的信息，进行数据可视化、数据挖掘、数据建模等，并将结果反馈给应用层。

应用层是城市大脑技术架构的顶层，主要负责将分析层中的数据进行可视化呈现，方便城市管理者进行决策。应用层的具体功能包括智慧交通、智慧医疗、智慧环保、智慧安防等，可以根据不同城市的实际情况进行定制化开发。

总的来说，城市大脑的技术架构是一个完整的智能体系，它将各种感知设备、传感器与大数据分析和人工智能技术有机结合起来，通过各个层次之间的协同作用，为城市的运营、管理和服务提供智能化的解决方案。

在这个技术架构的基础上，城市大脑表现出五个典型特征。

智能分析

利用先进的算法和模型对数据进行智能分析，是城市大脑的一个典型特征。城市大脑实现智能分析的过程主要包括数据采集、数据存储、数据处理和数据可视化四个环节。

在数据采集方面，城市大脑通过包括传感器在内的多种设备和网络收集城市各个方面的实时数据，如气象、交通、能源、环保、公共安全等方面的数据，将这些数据以原始格式进行存储。

在数据存储方面，城市大脑采用分布式、高可靠性的数据存储技术，将数据存储在大规模数据中心中，并通过云计算和虚拟化技术实现数据资源的集中管理。

在数据处理方面，城市大脑采用大数据分析、机器学习、人工智能等技术，对大量数据进行分析、处理和建模，并从中提取有用的信息和知识，帮助城市管理者更好地了解城市运行情况，并制定相应的措施。

在数据可视化方面，城市大脑采用图形化和可视化的方式将数据处理的结果展示出来，使城市管理者和公众可以直观地了解城市的运行情况和问题，以便城市管理者进行更加有效的决策和管理。展示形式包括地图、图表、动画、视频等，展示界面还可以支持交互式的操作方式，方便用户进行多维度的数据分析和查询。

通过以上四个环节，城市大脑能够从多个角度、多个维度对城市进行分析，全面了解城市运行的各个方面，帮助城市管理者更好地了解城市运行状况，发现城市问题，为城市管理提供了有力的支持。

实时性强

城市大脑通过集成各种传感器及其他设备与应用程

序，收集和分析大量的实时数据，实现对城市各个方面的实时管理，从而提高城市的运行效率，提升城市的智慧化水平。这种实时性主要体现在三个方面。

一是实时监测。城市大脑能够监测城市的交通、环境、能源、公共安全等各个方面的数据，通过实时的数据分析，对城市运行状态进行及时评估，发现并解决问题。

二是实时预测。城市大脑可以通过对历史数据和实时数据的分析，对将要发生的事件（如交通拥堵、恶劣天气、公共安全事件等）进行预测，以便提前采取应对措施，减少损失和影响。

三是实时调控。城市大脑可以通过对各种数据的实时分析，优化城市在交通流、公共服务、能源消耗等方面的运行状况，从而提高城市的效率和便利性。

由此可见，城市大脑的实时分析功能可以为城市决策者提供实时的数据支持和参考，帮助他们更好地了解城市的运行状况，更快速地应对突发事件，更有效地调控城市的运行。

高度自适应性

城市大脑拥有高度的自适应性，能够根据城市运行的变化和发展趋势，自动调整分析模型和算法，以适应城市发展的需求，实现智能化、自适应的分析过程。

首先，这种自适应性源于其可扩展性。城市大脑具有良好的可扩展性，能够支持快速添加新的数据源、算法和模型。随着城市的发展，城市大脑可以扩展到更多的领域和应用场景，更好地支持城市管理和决策。

其次，城市大脑的自适应性是依靠大数据和人工智能技术实现的，这使得它能够利用海量的数据进行分析和预测。随着城市数据的不断积累和更新，城市大脑可以不断学习和优化，提高数据分析和决策支持的精度和准确性。

最后，城市大脑是一个开放式平台，能够与各种应用系统和技术进行集成，实现更加全面和深入的数据分析和决策支持。例如，城市大脑可以集成智能交通系统、智能环保系统和智能安防系统等，实现跨领域的数据交互和共享，促进城市治理的综合协同。

集成创新

城市大脑能够整合城市各个方面的数据信息，包括地理信息、社会经济信息、交通出行信息等，从而实现资源的有效整合。城市大脑还整合了各类技术和应用，可以实现多元化的服务。同时，城市大脑还为城市创新提供了庞大的数据支持，可以将数据资源与城市创新相结合，实现城市创新发展的新突破。

多方协同

城市大脑作为智慧城市的重要组成部分，可以整合城市各部门的信息，实现多方协同，从而提高城市管理的协同效率。比如，城市大脑可以通过整合城市各部门的数据，实现政府协同，使政府部门能够更加高效地进行决策和管理；城市大脑可以通过整合企业数据，并将其与政府部门的数据相结合，实现企业与政府部门的协同，提高城市的经济效益；城市大脑还可以将市民的需求整合到城市数据中，通过数据分析，帮助政府部门更好地理解市民需求，并进行有效决策，从而向市民提供更加高效的公共服务，实现市民与政府的协同。

城市大脑的打造离不开新 IT，新 IT 使城市大脑在端、边、云、网四个维度都有了核心能力。

端

城市大脑能泛在连接城市各行业应用软件和感知设备实时产生的海量、多维数据。多样化的智能终端（如智能机器人、智能电表、智能井盖、工业智能模组等）构筑了城市的感受器，通过感知化、物联化的方式，连接并收集城市中的各项数据和信息，形成了城市庞大的末梢神经系统，让城市在信息接收上更敏感、更全面。

边

城市大脑作为一个以数据为基础的系统，需要处理大量的数据，这些数据是从分布在城市各个角落的传感器等设备中收集而来的。传统上，这些数据需要先发送到云服务器进行处理，然后再返回城市大脑中进行分析和决策，这会增加网络延迟和带宽负担。边缘计算可以通过在传感器等设备上运行计算、存储和网络功能，使数据的处理和分析在本地就能进行，从而减少对云服务器的依赖。

城市大脑还需要在实时性、可靠性和稳定性等方面具备较高的性能。边缘计算可以为城市大脑提供更强的计算和数据存储能力，做到实时处理数据，使城市大脑能够更快地做出决策。边缘计算还可以将处理后的数据发送到云服务器进行进一步的处理和存储，以便进行长期的分析和规划。

此外，边缘计算还可以将城市大脑的数据处理能力推向终端，实现更细粒度数据的采集、处理和应用，从而更好地满足城市不同区域、不同业务场景的数据处理需求，提高城市大脑的适应性和灵活性。

云

新 IT 使城市大脑在云计算方面拥有了更强的能力。城市大脑通过连接各种传感器和数据源，可以收集大量的实时数据，这些数据需要经过处理和分析，才能为城市决策者提供有价值的洞见和建议。传统的数据处理方式需要较高的本地存储能力和处理能力，云计算正好可以提供大规模的计算和存储资源，可以支持更加复杂的、实时的数据分析。城市大脑通过云计算可以快速存储和分析庞大的数据，同时保证数据的安全性和可靠性。

云计算还可以支持城市大脑的灵活性和可扩展性。城市大脑需要处理的数据量越来越大，而云计算可以为城市大脑提供根据需求自动调整资源的能力。这使得城市大脑可以快速响应城市的变化和需求，同时也可以更加高效地利用计算和存储资源。此外，云计算还可以为城市大脑提供强大的数据共享和协作能力，不同的城市部门和利益相关方可以通过云计算平台共享数据和分析结果，更好地协作和协调工作。

网

传统的城市信息系统，其数据通常来自各个独立的部门，数据格式不一致、质量不稳定，城市大脑所涉及的数据源更为广泛，包括社会经济、交通出行、环境监测、安全管理等各个领域。同时，城市大脑需要实时地处理这些数据，以便对城市进行精准的监测、分析和预测。

以 5G 为代表的数据传输网络为城市大脑提供了更高效的数据传输方式。相比之前的数据传输网络，5G 网络的传输速度更快，网络容量也更高，可以实现更快的数据传输和更大规模的数据处理。这有助于城市大脑更快地收集和分析数据，为城市管理和决策提供更及时和准确的信息。5G 网络的低时延通信特性可以帮助城市大脑实现更快的响应和更精准的控制（特别是在智能交通、智慧医疗等领域），可以增强城市大脑的应用效果，提高安全性。5G 技术还可以支持更多的设备和终端连接，从而为城市大脑提供更大的容量和更好的扩展性。这有助于城市大脑整合更多的数据来源和应用，提高城市管理的效率和智能化水平。此外，5G 技术可以通过网络切片技术，为城市大脑提供更灵活和个性化的网络服务，从而满足不同领域和不同应用场景的需求，这有助于城市大脑提高城市管理与服务的质量和效率。

新 IT 的其他技术也对城市大脑的数据传输发挥着重要作用。比如，物联网可以将各种传感器等设备通过无线连接起来，实现城市大脑所需的全面数据采集功能。

由此可见，新 IT 为城市大脑的运行以及城市的智能化发展做出了极大的贡献。正因为如此，在城市大脑的构建过程中，对数字化、智能化更加了解的互联网企业（尤其是新 IT 企业）的参与至关重要。

这些互联网企业，我们将其称为新城市运营商。“城市运营商”的概念出现在 20 世纪末期。在过去，传统的城市运营商要在充分理解政府宏观意图的前提下，充分运用市场化的机制和手段，通过大面积的土地开发来带动城市经济的发展，因此，传统的城市运营商多为房地产企业。而近年来，随着新 IT 的发展，数据资源在城市运营中的重要性愈加突出，很多互联网企业正在取代传统的地产商成为新城市运营商。

智能手机的普及，让基于位置的服务得以兴起。智能手机的出现几乎将所有的城市居民都拉到了网上，给消费互联网提供了巨大的流量，因此，一些围绕着人的衣食住行提供服务的互联网公司开始出现并获得了快速发展，成为继传统城市运营商之后的新城市运营商。这些新城市运营商以数据和智能技术为驱动，以人的需求为核心，构筑起了全新的城市资源的流通和调度能力，同时扩展了城市的边界和人的行动范围，提升了城市资源的流通和匹配效率。

外卖和点评应用的出现，让人们在饮食和娱乐上有了更多的选择。在此之前，人们要么只能在自己住所的不远处寻找吃饭和娱乐的场所，要么就得前往拥挤的城市中心去排队。对于那些做餐饮和线下娱乐生意的人，也必须找人流量特别大、门脸特别明显的地方开店，才有机会生存下去。但是外卖和点评应用的出现，削弱了地段的限制，消费者的消费范围变得更大了，同时信息也更为透明了。与此同时，那些提供服务的商家也终于能将之前全部用于地段争夺的精力和资源部分用在品质的提升和口碑的打造上。

网约车的出现，改善了人们的出行条件，大幅度提升了车辆供应和需求的匹配效率。因为更加便捷、透明和高效，大大提高了人们的出行意愿。网约车与点评网站的配合，能够让一些远离城市中心的地方也成为区域化的中心。

电商平台和物流系统的发展，以润物细无声的方式重新定义着我们的城市。各种类型电商平台的出现，让原本等级化、差序结构的城市正在变得扁平，中心与边缘、市区与郊区的界限变得越来越模糊。这种变化甚至不仅仅发生在城市内部，还扩展到了乡村，城乡边界也因为电商和物流的发展而变得模糊。

新城市运营商推动的再城市化过程，正在通过更加优化的网络系统，分布式地将资源传输给处于不同城市位置的人。以外卖平台、网约车平台和电商平台为代表的新城市运营商，每天都进行着几万人的管理和调动，并且通过数据分析和技术迭代，确保了其精确性、有效性和准时性。通过有序且高效的调度，使各种路径的配置最优化，新城市运营商让既有的资源发挥出了最大的价值，重新定义着人们的生活方式。

一个城市的网络服务系统，也是一个数据生成系统。服务人次越多，数据量就越大，进而整个网络的智能化程度也会越来越高，城市就能拥有越来越高的智能，最终真正成为“智慧城市”。

数字孪生点亮城市未来

在“端–边–云–网–智”构筑的基础平台上，跨领域技术间的融合创新已成主流趋势，信息通信技术与3D建模、高精度地图、全球定位系统、模拟仿真、虚拟现实、智能控制等技术有机耦合、集成应用，驱动创新出现新的拐点，智慧城市也因此有了更多的新路径和演化方向，数字孪生城市就是其中之一。

什么是数字孪生？这一概念最初源自美国国家航空航天局（NASA）的阿波罗计划。

阿波罗计划是美国在 20 世纪六七十年代组织实施的一系列载人登月任务。在这个计划中，NASA 使用孪生技术制造了一个模拟飞行器。这个模拟飞行器能模拟在太空中执行任务的航天飞行器的工作状态，进而辅助工程师分析处理任务期间可能出现的紧急问题。

1970 年 4 月，NASA 发射了“阿波罗 13 号”载人飞船，然而，在前往月球的航程中，飞船却突然发生了爆炸。在这紧急关头，NASA 使用当时最先进的通信技术与飞船上的宇航员们及各种设备持续保持联系，接收来自太空的数据，然后由地面控制人员根据这些数据来修改、调整模拟飞行器的环境参数，以使其接近太空中受损的航天器的实际情况，这样就能和宇航员共同讨论、筛选并不断完善最终方案。

最终，在经历了长达四天的煎熬后，在地面控制人员和宇航员们的共同努力下，阿波罗 13 号终于重新回到了地球返回轨道，并安全地降落在南太平洋上。

毋庸置疑，使阿波罗 13 号的宇航员们平安回家的功臣之一，就是那个使用数字孪生技术制造的模拟飞行器。

2002 年左右，美国密歇根大学教授迈克尔·格里夫斯（Michael Grieves）在一次有关产品生命周期的课程中，首次提出了“数字孪生”的理念。该理念设想在虚拟空间为实体产品构建一个数字模型，数字模型与物理实体交互映射，忠实地描述物理实体全生命周期的运行轨迹。在这个当时被称为“镜像空间模型”的设想中已经蕴含了数字孪生的基本思想。

2010 年，NASA 在其发布的《建模、仿真、信息技术和处理》中正式提出了“数字孪生”这一概念，并对其进行了定义：“数字孪生是一种集成化的多种物理量、多种空间尺度的运载工具或系统的仿真，该仿真使用了当前最为有效的物理模型、传感器数据的更新、飞行的历史等，来映射出其对应的飞行当中孪生对象的生存状态。”由此，数字孪生开始受到越来越多的关注。

当前，数字孪生一般被认为是具有数据连接的特定物理实体或流程过程的数字化表达，该数据连接可以保证物理状态和虚拟状态之间的同速率收敛，并提供物理实体或流程过程的整个生命周期的集成视图，有助于优化整体性能。

从数字孪生的定义中，我们可以提取出以下五个关键特性。

精确性

数字孪生通过在现实世界中采集大量的数据，并利用数据分析、建模和仿真技术，以高精度和高保真度的方式对现实进行建模，模拟实际对象、系统或过程的全部细节和特征，生成与实际对象、系统或过程精确对应的虚拟模型。这些虚拟模型不仅可以准确反映真实世界的状态和情况，还能在计算机中进行测试、优化和预测，帮助人们更好地理解和改善现实世界中的实际对象、系统或过程。

数字孪生的精确性是其最重要的特性之一。它使得数字孪生可以在模拟现实世界中的各种复杂对象、系统或过程时提供非常准确的结果。正因为如此，数字孪生在工程、医疗、交通等领域的应用是非常可靠和有效的。比如，在工程领域，数字孪生可以用于设计和优化各种产品和系统，降低实验成本和减少开发时间，提高生产效率和产品质量。在医疗领域，数字孪生可以用于模拟和优化手术方案，从而降低手术风险和提高手术成功率。在交通领域，数字孪生可以用于优化交通流量和预测交通事故，从而提高交通运行效率和安全性。

实时性

当实际对象发生变化时，数字孪生可以通过收集来自传感器、摄像头、互联网等各种数据源的实时数据，再根据建模算法对数据进行分析处理，实时更新模拟结果，以反映实际对象的最新状态，这使得数字孪生可以提供准确的实时数据和信息，能用于监测、控制和预测实际对象的行为。

数字孪生的实时性可以应用在很多领域，如在工业制造中，数字孪生可以对生产设备进行实时的监控和优化，及时发现和解决问题，提高生产效率和产品质量。

交互性

数字孪生的交互性是指虚拟对象与人之间的互动和交流能力。通过数字孪生技术，人们可以与虚拟对象互动，从而使人与物的互动变得更加自然、直观、高效。

数字孪生的交互性包含以下几个方面。

一是可视化交互。数字孪生可以通过可视化技术将现实世界中的物体数字化并在计算机界面上展示出来，使人们可以直观地观察和分析物体的属性、状态、运行情况等。同时，人们可以通过鼠标、手势等方式对虚拟对象进行操作和控制。

二是交互式决策支持。数字孪生可以通过虚拟仿真等技术为决策者提供支持和辅助，使决策者能够更加全面、准确地了解问题，从而做出更为合理、有效的决策。同时，数字孪生还可以通过数据可视化等技术将数据呈现出来，使人们更容易理解和分析。

三是跨平台交互。数字孪生还具有跨平台交互的能力，不同的设备可以通过互联网进行连接和交流，实现设备之间的信息共享和协同工作，从而提高工作效率和质量。

四是多维度交互。数字孪生可以通过多种技术集成和分析不同维度的数据，使人们可以从多个角度对数据进行探索和理解，从而提高数据的利用价值。同时，数字孪生还可以通过 AR/VR 等技术将虚拟世界与现实世界结合起来，从而实现更为丰富、生动的交互体验。

数字孪生的交互性在多种场景和领域都能发挥作用。比如，在制造业，数字孪生可以用于模拟工厂生产线，优化生产流程，提高生产效率和质量，提高设备利用率；在医疗保健行业，数字孪生可以用于模拟人体器官、疾病和治疗方案等，为医生提供更加准确的诊断和治疗方案，同时可以为医学院的学生提供实验室实验、临床教学等方面的支持；在航空航天领域，数字孪生可以用于模拟飞机、卫星、火箭等的设计和运行，优化设计、测试和维修流程，提高运行效率和安全性；在电力行业，数字孪生可以用于模拟电力系统，优化供电效率和质量，提高设备利用率和安全性。

可扩展性

数字孪生可以在不影响自身核心特性和性能的情况下，通过增加新的数据和功能来扩展应用范围和能力，具有很强的可扩展性。具体来说，数字孪生的可扩展性体现在以下几个方面。

一是数据可扩展性。数字孪生可以连接大量的数据源，并且支持多种类型的数据，包括结构化数据、非结构化数据和半结构化数据。通过增加数据源，可以丰富数字孪生的信息内容，提高其预测能力和决策支持能力。

二是功能可扩展性。数字孪生可以通过增加新的模块和算法来扩展自身的功能。比如，在数字孪生中增加机器学习算法和人工智能模型，可以提高数字孪生的自主决策能力和智能化程度；增加 3D 建模和虚拟现实技术，可以提升数字孪生的可视化效果和交互性。

三是平台可扩展性。数字孪生的平台可以通过增加新的功能和接口来扩展。比如，数字孪生可以与其他系统和平台（如物联网平台、云计算平台、智能制造平台等）集成，实现更加全面的数据共享和互动操作。

四是用户可扩展性。数字孪生可以通过增加新的用户界面和交互方式来扩展用户群体。比如，数字孪生可以提供多种交互方式，例如语音、手势、虚拟现实等，以满足不同用户的需求。

数字孪生的可扩展性是其非常重要的特性之一，可以使数字孪生在不断变化的环境中保持核心优势，同时不断适应新的应用场景和需求。

闭环性

闭环性体现在数字虚体不仅仅是对物理实体的一种监视，而且是一种监视加控制，虚体反馈的内容要能够用于有关实体的决策，实现一种由实到虚，再由虚向实的闭环。具体来说，数字孪生可以实时采集、分析和传输现实场景中的数据，并将其反馈到数字孪生模型中，进行模拟和预测，并输出优化方案，然后再在实际场景中实施这些方案，进行验证和反馈。这个持续不断的闭环，实现了信息的双向传输和互动，也实现了数字孪生模型和实际场景的不断协同。

数字孪生的闭环性使数字孪生系统可以实现更精准的分析和更智能的控制，为决策和操作提供全方位的支持和指导。比如，在工业生产领域，数字孪生系统可以实时监测设备状态，预测故障风险，优化生产过程，提高生产效率和质量；在城市管理领域，数字孪生通过数字化城市环境，可以实时获取城市运营状况数据，再通过数字孪生模型对城市运营状况进行预测和优化，输出优化方案，并将这些方案运用到实际场景中，进行验证和反馈，最终实现城市运营的持续优化。

通过上述特性我们可以看到，数字孪生在现实世界和虚拟世界之间建立起了沟通桥梁，某种程度上可以被视作新 IT 的核心技术之一，是支撑万物互联的综合性技术。

近些年，伴随着新 IT 的不断推进，以物联网、云计算和人工智能等新技术为代表的数字浪潮席卷全球，在物理世界之外逐渐构筑起了一个对应的数字世界，两大体系平行发展，相互作用。数字世界为了服务物理世界而存在，物理世界因为数字世界而变得更高效。在这种背景下，数字孪生技术也引发了越来越多的重视，数字孪生在智能制造、智慧医疗、智能交通等多个领域得到了广泛应用。

在城市建设和运营领域，数字孪生也点亮了智慧城市的未来。

随着智慧城市的推进，城市相关的累积已经开始从量变走向质变，在感知建模和人工智能等技术取得重大突破的背景之下，数字孪生成为建设智慧城市的一条新兴技术路径。“十四五”规划纲要中明确提出，要探索数字孪生城市建设；发改委、科技部、工信部、住建部、自然资源部等多个部委纷纷出台政策文件，将在产业和技术上推动数字孪生城市的建设……

数字孪生城市是城市信息化建设不断发展的产物，是城市信息化发展的高阶阶段。通过充分利用前期形成的城市全域大数据，为城市综合决策、智能管理、全局优化等提供平台、工具与手段，从局部应用到全局优化，数字孪生城市将成为城市智能化、城市运营可持续化的一种先进模式。

数字孪生城市的本质是在数字世界再造一个城市，作为现实城市的映射和镜像。数字孪生在城市建设与发展中的核心价值在于，它能够在现实世界和数字世界之间全面建立实时联系，进而实现城市物理实体全生命周期变化的数字化、模型化和可视化。数字孪生城市具有传感监控即时性、城市信息集成性、信息传递交互性、发展决策科学性、控制管理智能性、城市服务便捷性等特征。

数字孪生就像是城市的“虚拟副本”，在不改变城市物理空间的前提下，可以利用数字孪生技术打造出对应的虚拟数字世界，也可以理解为现实世界的镜像。

在具体的实现方式上，先要对现实城市系统进行解耦，然后进行系统性和模型化的重构，再基于数字孪生系统的通用参考架构，依据城市特色对城市物理域进行实例化。城市的物理域主要指市政、交通、安防、环保、治理、水务、电网、医疗、公共服务、社区、景区等城市和民生各环节的各种物理实体对象以及相关的政务和业务活动。

在城市运行方面，数字孪生通过与 GPS、智能传感、智能摄像等技术的深度融合，可以以城市实时数据为基础，实时模拟城市的运行情况。通过这种方式，可以帮助城市管理者预测未来的城市状况，从而制定更为科学的城市规划和管理方案。而且，数字孪生还能通过感知网络、传感器和摄像头等设备，收集城市各个角落的数据信息，实现对城市状态的全面监测。同时，数字孪生也能够实现数据分析和处理，从而发现城市存在的问题和隐患，及时采取措施，保障城市的安全运行。

站在城市治理的角度，数字孪生城市相当于城市的“操作系统”，能够为城市的智慧调度和集中管理提供辅助和支持，提升城市治理水平和服务效率，显性化原来不可见的城市秩序，改变城市治理和公共服务“盲人摸象”的现状。

以现代城市中固体废物的处理为例。该过程由多个环节组成，包括废物收集、运输、加工、处理和检测等环节，传统的处理方式需要耗费大量的资金、时间和人力。

引入数字孪生后，城市环卫部门可以通过物联网技术赋予城市中各个垃圾桶和垃圾清运车智能感知功能，实时采集城市各处的废物信息，如垃圾数量、垃圾种类等，构建智慧固体废物处理的动态网络，还可以基于相关数据开发垃圾收集优化策略，节省垃圾清运车的燃油费用。

回收处理公司可以基于数据，追踪和预测流入公司的待处理废物的来源，实现内部处理的优化。

卫生监管部门可以对废物处理过程进行检测和监督，不必再专门耗费巨资进行人工检测。

未来，政府还可以基于城市运行数字孪生体、市政数字孪生体、环保数字孪生体和产业数字孪生体等多源数据的融合，制定出合理引导城市固体废物处理的政策和措施。

安东尼·汤森（Anthony Townsend）曾在其著作《智慧城市：大数据、互联网时代的城市未来》一书中说道："利用先进的信息技术实现城市的智慧化管理和运行，进而为城市中的人们创造更美好的生活，促进城市的高效、和谐、可持续成长。"数字孪生的应用，推动着智慧城市进化升级，不断向着可持续、有智慧、有温度的"未来之城"迈进。现在，在雄安新区，除了现实中正在建设的城市，还有一座数字孪生城市也在同生共长。未来，一定会有越来越多的城市拥有"虚拟副本"，并由此实现更高效、更有温度的运行。

元宇宙时代的“元城市”

如果要选出 2021 年热度最高一个的科技概念，“元宇宙”（Metaverse）必然独占鳌头。从一开始被一些游戏公司用来装饰自己的商业前景，到被脸书创始人马克·扎克伯格（Mark Zuckerberg）大力宣传，这一概念的热度一路飙升。2021 年 10 月底，扎克伯格将脸书更名为“ Meta”，更是点燃了这场追风元宇宙剧情的高潮。

或许你已经从各种介绍文章中了解到，元宇宙并不是一个新创概念，其最早出现在 1992 年出版的一本名为《雪崩》(*Snow Crash*) 的小说中。作者尼尔·斯蒂芬森（Neal Stephenson）在书中提到，在未来世界中，人类通过“数字化身”(Avatar) 生活在一个虚拟的三维空间中，这个人造的虚拟三维空间就是“元宇宙”。

元宇宙的英文单词“metaverse”是“超越”(meta) 和“宇宙”(universe) 两个概念的合成，可以将其理解为超越现实宇宙之外的另一个世界。如果用技术语言来描述，我们可以说元宇宙是通过技术能力在现实世界的基础上搭建的一个与现实世界平行且持久存在的虚拟世界，在这个虚拟世界中运行着同现实世界中一样的社会和经济系统，现实中的人则通过虚拟现实设备以数字化身的形式进入虚拟时空生活。

尽管已经有不少人给出了他们对元宇宙的理解，甚至试图给这个概念下定义，但是由于其定位是与现实世界平行的虚拟空间，这就意味着它是一个会不断发展和演变的概念。在现阶段想要对这样一个概念给出一个全面而准确的定义几乎是不可能的，现有的解释只是不同的市场参与者结合自身的业务特点给出的一个个片面的阐释而已。在这样一种背景下，围绕元宇宙的讨论也只能是通过分析一些特定的技术手段和应用场景，进而对这个概念形成一种不甚全面的理解。

就目前互联网领域达成的有限共识而言，基于现实世界的虚拟空间，也即我们前边讨论过的数字孪生，其实是元宇宙的核心，元宇宙是在这一基础上的扩展和延伸。综合已有的关于元宇宙的一些讨论，我们可以将其看作一个建立在现实世界基础上的持久稳定的实时虚拟世界，这个虚拟世界拥有成熟的闭环经济系统，大规模的参与者可以在其中完成现实世界中几乎所有的行为，同时能够通过内容生产不断丰富和拓宽这个虚拟世界的边际。

从实现元宇宙的技术角度来看，元宇宙可以被视为整合了多种新技术而产生的新型虚实相融的互联网应用和社会形态。它基于 XR 技术提供沉浸式体验，基于数字孪生技术生成现实世界的镜像，基于区块链技术搭建经济体系，将虚拟世界与现实世界在经济系统、社交系统和身份系统上实现密切融合，并且允许每个用户进行虚拟世界的内容生产和对世界本身形态的编辑。

从以上内容中，我们可以提取出一些元宇宙场景的核心特点：极致的沉浸式体验、丰富多样的内容、超时空的社交体系和虚实交互的经济体系。

极致的沉浸式体验

极致的沉浸式体验是元宇宙场景的一个重要特点。通过 3D 建模、虚拟现实技术等手段，元宇宙可以模拟现实世界中的各种环境，并且用户可以在其中进行各种虚拟的体验，包括游戏、社交、购物等。尽管元宇宙是虚拟的，但它给人带来的体验却是非常真实的，甚至可以让人产生身临其境的感觉。在元宇宙中，用户可以自由地进行各种操作和体验，可以不受限制地完全按照自己的意愿去探索和发现。而且，元宇宙中有各种不同的体验和场景，用户可以选择自己感兴趣的领域进行探索和体验。用户之间还可以进行各种互动和交流，包括聊天、游戏等，甚至建立起真实的联系。

丰富多样的内容

元宇宙场景中的内容是非常丰富多样的，几乎可以包括任何物品、活动等。这是因为元宇宙是一个虚拟世界，不受现实世界的限制，可以通过数字技术来呈现各种虚拟的物品和场景。

在元宇宙中，用户可以创建各种基于现实世界的虚拟物品和场景，比如建筑物、汽车、飞行器、自然风景等，甚至可以创建完全虚构的物品和场景，如科幻小说中的外星世界、神话传说中的神话世界等。此外，元宇宙中还可以实现各种虚拟活动，如游戏、演出、聚会等。

由此可见，丰富多样的内容是元宇宙场景的一个重要特点。元宇宙提供了一个广阔的虚拟空间，人们在其中可以尽情地创造、探索、交流，尝试各种不同的虚拟体验。

超时空的社交体系

元宇宙的超时空社交体系是指，在元宇宙中，人们可以创建自己的数字形象，超越时间和空间的限制，以数字化的形式与其他用户进行互动、交流、合作等社交活动。

超时空社交体系是元宇宙的核心特征之一，它使得人们能够在虚拟的世界里与他人互动，并创造出更加丰富多彩的体验。元宇宙的超时空社交体系可以实现全球范围内的交流和合作，而不受时间和地理位置的限制。人们可以在元宇宙中找到志同道合的朋友，共同创造属于自己的虚拟世界，分享自己的创意和想法。

此外，元宇宙的超时空社交体系还可以带来商业机会，为企业提供新的营销渠道和销售机会。通过在元宇宙中建立虚拟店铺，展示产品，企业可以接触到更多的潜在客户，有助于提高品牌知名度和销售额。

虚实交互的经济体系

在元宇宙中，经济活动包括购买、出售、租赁和交换虚拟商品和服务。虚拟商品可以是数字化的艺术品、虚拟地产、游戏装备等，虚拟服务可以是游戏陪玩、虚拟现实体验等。元宇宙中的经济体系还涉及虚拟地产。虚拟地产可以是虚拟土地、建筑物、城市等，拥有虚拟地产的用户可以出租、销售或开发这些虚拟物业，从中获得经济利益。

元宇宙也像现实世界一样，是用货币来交易、结算的，不过在元宇宙中使用的是虚拟货币。虚拟货币可以是平台内部的专用货币，也可以是与现实货币挂钩的加密货币。

在元宇宙中，经济体系的核心是社区。虚拟社区中的用户可以购买虚拟商品和服务，也可以创造自己的虚拟商品和服务并出售。虚拟社区还可以对经济进行调节，比如设定商品的价格、交易税和服务费用等。虚拟社区的繁荣和发展对元宇宙的经济体系非常重要。

总的来说，元宇宙的经济体系是一个由虚拟商品和服务、虚拟地产和虚拟货币组成的复杂数字经济体系，其核心是虚拟社区，虚拟社区中的用户共同构建和调节着这个经济体系，形成与现实世界中类似甚至比现实世界中更加繁荣的经济文化。随着元宇宙的发展壮大，其经济体系也会不断创新和完善。

以上这些核心特点的实现，都需要以新 IT 的核心技术为支撑，这些技术可以分为四种类型：交互技术、通信技术、计算能力和核心算法。

为了实现极致的沉浸式体验，元宇宙在交互方式上离不开能实现 3D 显示、超高分辨率、大视场角的 XR 设备，在此基础上还要不断升级直观体感交互，甚至进一步通过脑机接口实现更加深度的交互方式。

元宇宙的海量实时信息交互和沉浸式体验的实现需要以通信技术和计算能力的持续提升为基础，从而实现用户对于低时延和高拟真度的体验。在通信能力方面，随着 5G 渗透率的不断提高，网络传输速率和质量也将进一步提高，更多企业级和消费级新一代应用创新将有望落地。在算力方面，硬件计算能力，尤其是 GPU 计算能力的不断提升能够进一步提升元宇宙的显示效果，使得更加拟真的场景和物品建模成为可能，并且能增强渲染能力，降低元宇宙的延迟感。随着通信和算力技术的不断提升，元宇宙的技术门槛将不断降低，同时元宇宙也将实现更大范围的渗透，进一步提升用户的沉浸式使用体验。

虚拟对象是元宇宙中的重要存在，虚拟对象的理想效果是要让真实个体的数字替身实现以假乱真，这需要核心算法作为支撑。此外，算法的迭代也有助于改善元宇宙中的交互方式，通过综合视觉、听觉和嗅觉等多感官通道实现全新的交互体验，使得交互方式更加智能化。

基于元宇宙的特点及其相关的核心技术，我们可以对一些特定领域实现元宇宙“改造”后的场景展开畅想。

游戏

游戏是基于对现实世界的模拟、延伸和天马行空的想象构建的虚拟世界，其与元宇宙在概念上有很高的重合度，因此也是最先呈现出元宇宙形态的领域。伴随底层硬件和技术的发展，游戏的概念已经逐渐从单机电子游戏向大型多人、实时在线和开放世界发展。大型人机交互在线游戏构建了一个让用户可以在其中交流和娱乐的虚拟世界，有一些游戏在此基础上还开发出了类似现实世界中的社会秩序。以 Roblox 游戏为例，这是一款兼容了虚拟世界、休闲游戏和自建内容的游戏，游戏中的大多数作品都是用户自行建立的，社区中包含交易系统、等级系统和规则系统等，是一个可以自行运转的体系。在元宇宙概念的指引下，游戏后续的发展将会持续朝提升沉浸感和交互性的方向发展。

演出

在元宇宙世界中，观众能够以虚拟身份参与演出或类似的活动，可以购买 NFC 演出门票以及其他数字化形式的演出周边产品，并根据活动主题对虚拟身份进行定制化设计。传统的演唱会受到场地大小、天气和座位视角等因素的限制，但是虚拟演唱会可以为观众带来沉浸式、多视角的丰富体验。2020 年 4 月，游戏平台“堡垒之夜”与美国饶舌歌手特拉维斯·斯科特（Travis Scott）合作，在游戏中举办了一场虚拟演唱会。这场演唱会有上千万用户参与，这种规模的演唱会在线下场景中是不可能实现的。在这场虚拟演唱会中，整个场景可以实现实时互动，观众通过终端设备进入虚拟空间，不但能够看到歌手在虚拟空间中化身的动作，聆听环绕身边的音乐，还能在这个过程中看到其他观众的反应和动作，一起挥手和跳跃等。

社交

基于游戏特性，元宇宙能够带来高沉浸度的社交体验和丰富的线上社交场景。当前的在线社交方式，尽管突破了时间与空间的限制，交流方式也比较丰富，从图文到视频，对我们的日常生活、工作和人际交往产生了深刻影响，但是在这种社交中，依然存在屏幕的隔阂，缺少线下社交的真实性与趣味性。在元宇宙中，社交可以借用全息虚拟影像技术，搭建出虚拟现实平台，互动方式也从过去的图文、语音和视频延伸到突破时空限制的逛街购物、看演唱会和玩游戏等，这种身临其境的沉浸式体验将极大提升用户的使用体验，增加用户黏性。同时，元宇宙中的虚拟化身份能够淡化物理距离、相貌打扮、种族信仰和社会地位等因素造成的社交障碍，使用户有机会毫无压力地表达自我，同时给予用户更强的代入感。

消费

互联网的发展也在带动消费场景不断发生改变。首先是从线下到线上的改变，接着是从图文到直播视频的改变，在线消费体验逐渐趋于直观清晰，获得的信息量也变得越来越丰富。元宇宙或许能够给消费场景带来全新的交互体验升级。在 XR 技术的加持下，更加沉浸式的消费或将成为常态。消费者可以在虚拟场景中试穿衣物，可以远程观看房屋情况，甚至试驾汽车。经过在虚拟场景中的观察和体验，感觉到满意后再下单让货物送到真实世界。此外，人们的消费对象不仅仅是现实世界中的自己，还包括虚拟世界中自己的数字替身，针对数字替身的各种虚拟商品也可能创造极大的市场繁荣。

教育

元宇宙会给教育带来的改变可能发生在两个方面。首先是对在线教育的影响，可以弥补在线教育缺乏互动和沉浸感等问题。在元宇宙中，身处不同地方的老师和学生可以通过数字替身相聚在同一个虚拟场景中，并积极展开互动。其次是对线下教育的教学效果也可以起到一定的改善作用。目前，线下教育的呈现方式较为抽象，主要以板书和 PPT 以及老师的讲授为主，这样的呈现方式很难激发学生的学习兴趣，也不利于学生对一些陌生概念的理解。依托虚拟现实和增强现实等技术，可以将学生置身于高还原度、高拟真度和具象化的 3D 学习场景中，充分发挥虚拟三维空间的展示力和解释力，降低学生的理解难度，提升学习效率。

远程办公

新冠疫情使得远程办公和在线交流成为常态，而当前以手机、PC 和平板为载体的远程交流效果与现场效果之间还是存在很大的差距，在临场感、沉浸感和仪式感方面都有很大的缺失。在元宇宙场景下，全息虚拟会议将很大程度上解决上述问题。戴上相关设备后，我们就能置身于一个全息投影的会议室，每个人都以数字替身参与其中，人们在沟通交流产品时，甚至能够摆脱 PPT 这种 2D 呈现形式，直接将一个产品的全息模型展示出来，更有利于大家准确地理解问题，提升沟通效率。

当生活中的主要场景都因元宇宙而改变后，“元城市”可能也就距离我们不远了。

对很多人来说，“元城市”还是一个比较陌生的概念，有些人甚至将其理解成数字孪生城市，其实，这两者是有区别的。元宇宙最大的特点是虚实结合：它能将城市中所有的人、组织机构、发生的社会行为、社会关系映射到元宇宙中，形成虚实互动与赋能。

正如中国工程院院士吴志强在 2022 世界人工智能大

会上所说：“如果将元宇宙看作一个与现实世界映射与交互的虚拟世界，那元城市就是在元宇宙的衍生下，突出虚实两空间相互影响与交互的数字融合城市。”吴院士认为，元城市是元宇宙的真正核心，我们可以用想象力带动真实城市的创造力，而真实城市的美好建设也将迸发数字城市的更多可能。

现在，有很多城市已经开始了打造元城市的探索。

2021 年 11 月，韩国首尔政府发布了《元宇宙首尔五年计划》，在这一计划中，首尔政府将投资 39 亿韩元、用 5 年的时间为首尔打造元宇宙生态系统，涉及经济、文化、旅游、教育、政务等多个行政服务领域，建设数字经济、公共管理、文化旅游三大平台。

2022 年 7 月，上海也发布了《上海市培育“元宇宙”新赛道行动方案（2022—2025 年）》，提出要把握群智赋能、跨界融合、技术集成、梯次演进等元宇宙新赛道的特征，加快元宇宙产业的发展，利用叙事映射提升上海的城市智慧治理水平，为其发展注入新的动能，增强上海在全球城市中的国际竞争力和吸引力。

在城市的进化历程中，“元城市”将成为非常重要的一个发展阶段。它将城市中的人、组织、社会关系、产业映射到虚拟世界中，打破了城市空间的边界，激发了城市的创造力和蓬勃生机，为人们创造了全新的体验和新的生产生活方式。这样的未来城市，值得我们期待。

参 考 文 献

[1] 麦卡菲，布莱恩约弗森 . 人机平台：商业未来行动路线图 [M]. 林丹明，徐宗玲，译 . 北京：中信出版集团，2018.

[2] 布莱恩约弗森，麦卡菲 . 第二次机器革命：数字化技术将如何改变我们的经济与社会 [M]. 蒋永军，译 . 北京：中信出版社，2014.

[3] 多明戈斯 . 终极算法：机器学习和人工智能如何重塑世界 [M]. 黄芳萍，译 . 北京：中信出版集团，2017.

[4] 吴军 . 智能时代：大数据与智能革命重新定义未来 [M]. 北京：中信出版集团，2016.

[5] 王晓云，段晓东，张昊，等 . 算力时代：一场新的产业革命 [M]. 北京：中信出版集团，2022.

[6] 艾萨克森 . 史蒂夫・乔布斯传，等 [M]. 管延圻，魏群，余倩，等译 .2 版 . 北京：中信出版社，2014.

[7] 夏希品 .《2017—2018 中国机器人产业发展年度报告》发布 [J]. 今日制造与升级，2018（11）：22-23.

[8] 王田苗，陶永 . 我国工业机器人技术现状与产业化发展战略 [J]. 机械工程学报，2014，50（9）：1-13.

[9] 李瑞峰 . 中国工业机器人产业化发展战略 [J]. 航空制造技术，2010（9）：32-37.

[10] 张曙. 工业 4.0 和智能制造 [J]. 机械设计与制造工程，2014，43（8）：1-5.

[11] 胡晶. 工业互联网、工业 4.0 和“两化”深度融合的比较研究 [J]. 学术交流，2015（1）：151-158.

[12] 阿里研究院. 犀牛智造：探索未来制造之路 [EB/OL].（2020-06-08）[2022-11-15].https://club.1688.com/unithread/256637956.html.

[13] 刘锋. 崛起的超级智能：互联网大脑如何影响科技未来 [M]. 北京：中信出版集团，2019.

[14] 汤森. 智慧城市：大数据、互联网时代的城市未来 [M]. 赛迪研究院专家组，译. 北京：中信出版社，2015.

[15] 克里斯坦森，霍尔，迪伦，等. 创新者的任务 [M]. 洪慧芳，译. 北京：中信出版集团，2019.

[16] 金江军. 智慧城市：大数据、互联网时代的城市治理 [M].5 版. 北京：电子工业出版社，2021.

[17] 加斯曼，玻姆，帕尔米. 智慧城市：将数字创新引入城市 [M]. 周振华，陈昉昊，等译. 上海：格致出版社，2022.

[18] 国脉研究院. 智慧城市：以人为本的城市规划与设计 [M]. 北京：机械工业出版社，2017.

[19] 郭沙，赵勇，谷瑞翔，等. 数字孪生：数字经济的基础支撑 [M]. 北京：中国财富出版社有限公司，2021.

[20] 杜明芳，刑春晓. 数字孪生城市：新基建时代城市智慧治理研究 [M]. 北京：中国建筑工业出版社，2021.

[21] 高艳丽，陈才，等. 数字孪生城市：虚实融合开启智慧之门 [M]. 北京：人民邮电出版社，2019.

[22] 安筱鹏，肖利华. 数字基建：通向数字孪生世界的迁徙之路

[M]. 北京：电子工业出版社，2021.
[23] 鲍尔 . 元宇宙改变一切 [M]. 岑格蓝，赵奥博，王小桐，译 . 杭州：浙江教育出版社，2022.
[24] 熊焰，王彬，邢杰 . 元宇宙与碳中和：深度融合解析“元宇宙”与“碳中和”两大体系 [M]. 北京：中译出版社，2022.
[25] 雷波，陈运清，等 . 边缘计算与算力网络：5G+AI 时代的新型算力平台与网络连接 [M]. 北京：电子工业出版社，2020.
[26] 吴冬升 . 从云端到边缘：边缘计算的产业链与行业应用 [M]. 北京：人民邮电出版社，2021.
[27] 卡普兰 . 人工智能时代：人机共生下财富、工作与思维的大未来 [M]. 李盼，译 . 杭州：浙江人民出版社，2016.
[28] 陈晓旭 . 工业革命为什么发生在英国 [J]. 科学文化评论，2016，13（3）：68-75.
[29] 金碚 . 世界工业革命的缘起、历程与趋势 [J]. 南京政治学院学报，2015，31（1）：41-49；140-141.
[30] 麦克尼尔，格非 . 能源帝国：化石燃料与 1580 年以来的地缘政治 [J]. 学术研究，2008（6）：108-114.
[31] 王志林，余冰 . 恩格斯晚年书信中对“第二次工业革命”揭示的经济学意义 [J]. 理论月刊，2010（5）：16-19.
[32] 互联网实验室 .“新 IT”：数字社会基础设施的新图景 [R/OL].（2021-06-01）[2022-11-15].http://zt.blogchina.com/bgxz/it.pdf.
[33] 周勇 . 产业互联网与消费互联网、工业互联网之间的生态体系比较研究 [J]. 阅江学刊，2020，12（4）：57-65；122.
[34] 司晓，吴绪亮 . 产业互联网的演进规律 [J]. 清华管理评论，2019（4）：84-89.
[35] 李开复，王咏刚 . 人工智能 [M]. 北京：文化发展出版社，2017.

[36] 李彦宏 . 智能革命：迎接人工智能时代的社会、经济与文化变革 [M]. 北京：中信出版集团，2017.

[37] 中国信息通信研究院 . 中国算力发展指数白皮书 [R/OL].（2021-09-01）[2022-11-15].http://www.caict.ac.cn/kxyj/qwfb/bps/202109/P020210918521091309950.pdf.

[38] 顾正书 . 面向物联网应用的十大智能传感器技术趋势 [Z/OL].（2021-11-14）[2022-11-15].https://www.eet-china.com/news/2021111513299.html.

[39] 殷毅 . 全球智能传感器技术发展得怎么样了？ [Z/OL].（2021-03-16）[2022-11-15].https://new.qq.com/rain/a/20210316A0B07T00.

[40] 赵晨希 . 做不好 VR，元宇宙连门都找不着 [Z/OL].（2021-09-09）[2022-11-15].https://mp.weixin.qq.com/s/K-6sn3PZv-5tycsXLTXimvw.

[41] 边缘计算产业联盟（ECC）与工业互联网产业联盟（AII）. 边缘计算与云计算协同白皮书 2.0[R/OL].（2020-12-10）[2022-11-15].http://www.ecconsortium.org/Uploads/file/20201210/1607532948372540.pdf.

[42] 边缘计算产业联盟（ECC）与工业互联网产业联盟（AII）. 边缘计算参考架构 3.0（2018 年）[R/OL].（2018-11-01）[2022-11-15].http://www.ecconsortium.org/Lists/show/id/334.html.

[43] 边缘计算产业联盟（ECC）与工业互联网产业联盟（AII）. 边缘计算与云计算协同白皮书（2018 年）[R/OL].（2018-11-01）[2022-11-15].http://www.ecconsortium.org/Uploads/file/20190221/1550718911180625.pdf.

[44] 中国信息通信研究院 . 云计算发展白皮书（2020 年）[R/OL].

（2020-07-01）[2022-11-15].http://www.caict.ac.cn/kxyj/qwfb/bps/202007/P020200803601700002710.pdf.

[45] WEISER M. The computer for the 21st century[J].IEEE Pervasive Computing，2002，1（1）：19-25.

[46] 徐光祐，史元春，谢伟凯 . 普适计算 [J]. 计算机学报，2003，26（9）：1042-1050.

[47] 卡尔 .IT 不再重要：互联网大转换的制高点——云计算 [M]. 闫鲜宁，译 . 北京：中信出版社，2008.

[48] 纳德拉 . 刷新：重新发现商业与未来 [M]. 陈召强，杨洋，译 . 北京：中信出版集团，2018.

[49] 陈宝健，刘逍遥 . 小微企业 SaaS 龙头，云业务有望实现快速突破：港股公司首次覆盖报告 [R/OL].（2021-03-21）[2022-11-15].https://pdf.dfcfw.com/pdf/H3_AP202103221474697519_1.pdf?1616411709000.pdf.

[50] 马军山 . 光纤通信原理与技术 [M]. 北京：人民邮电出版社，2004.

[51] 斯托林斯 . 无线通信与网络 [M].2 版 . 何军，等译 . 北京：清华大学出版社，2005.

[52] 李良 . 低轨通信卫星：开启 6G 通信时代，带动千亿规模市场 [R/OL].（2019-04-12）[2022-11-15].http://pdf.dfcfw.com/pdf/H3_AP201904151319417944_1.pdf.

[53] SDNLAB 君 . 网络切片“火锅论”：同一口锅，不同的梦想 [Z/OL].（2019-07-25）[2022-11-15].https://www.sdnlab.com/23417.html.

[54] 工业和信息化部 .《中国制造 2025》解读材料 [M]. 北京：电子工业出版社，2016.

[55] 姚锡凡，景轩，张剑铭，等 . 走向新工业革命的智能制造 [J]. 计算机集成制造系统，2020，26（9）：2299-2320.

[56] 中国电子技术标准化研究院 . 信息物理系统白皮书（2017）[R/OL].（2017-03-02）[2022-11-15].http://www.cesi.cn/201703/2251.html.

[57] 工业互联网产业联盟（AII）. 工业互联网平台白皮书 [R/OL].（2017-11-18）[2022-11-15].http://www.caict.ac.cn/kxyj/qwfb/bps/201804/P020180118536136839328.pdf.

[58] 李培根，高亮 . 智能制造概论 [M]. 北京：清华大学出版社，2021.

[59] 全国信标委智慧城市标准工作组 . 城市大脑发展白皮书（2022）[R/OL].（2022-01-05）[2022-11-15].http://www.cesi.cn/202201/8200.html.

[60] 数字孪生体实验室 . 数字孪生体技术白皮书（2019 简版）[R/OL].（2019-12-30）[2022-11-15].http://www.peraglobal.com/upload/contents/2019/12/20191230095610_31637.pdf.

[61] 中国电子技术标准化研究院，树根互联网技术有限公司 . 数字孪生应用白皮书（2020 版）[R/OL].（2020-11-23）[2022-11-15].https://pdf.dfcfw.com/pdf/H3_AP202011231431940763_1.pdf?1606214310000.pdf.

[62] 中国信息通信研究院 . 数字孪生城市研究报告 (2019 年)[R/OL].（2019-10-11）[2022-11-15].http://www.caict.ac.cn/kxyj/qwfb/bps/201910/P020191011522620518262.pdf.